GO WILD

Die Originalausgabe mit dem Titel *Go Wild. Finding Freedom and Adventure in the Great Outdoors* wurde erstmals 2019 von Summersdale Publishers Ltd, part of Octopus Publishing Group Limited an Hachette UK Company, veröffentlicht. Copyright © Summersdale Publishers Ltd, 2019

Verantwortlich: Johannes Abdullahi, Susanne Caesar
Übersetzung aus dem Englischen: Ralf Klumb
Redaktion/Satz: Christine Schnappinger, VerlagsService Dietmar Schmit GmbH
Umschlaggestaltung: Leeloo Molnar, GeraNova Bruckmann GmbH
Herstellung: Alexander Knoll
Printed in Slovakia by Neografia Martin

★★★★★

Sind Sie mit diesem Titel zufrieden? Dann würden wir uns über Ihre Weiterempfehlung freuen. Erzählen Sie es im Freundeskreis, berichten Sie Ihrem Buchhändler, oder bewerten Sie bei Onlinekauf. Und wenn Sie Kritik, Korrekturen, Aktualisierungen haben, freuen wir uns über Ihre Nachricht an: Bruckmann Verlag, Postfach 40 02 09, D-80702 München oder per E-Mail an lektorat@verlagshaus.de.

Unser komplettes Programm finden Sie unter:

 www.bruckmann.de

Alle Angaben dieses Werkes wurden vom Autor sorgfältig recherchiert und auf den neuesten Stand gebracht sowie vom Verlag geprüft. Für die Richtigkeit der Angaben kann jedoch keine Haftung übernommen werden, weshalb die Nutzung auf eigene Gefahr erfolgt. Insbesondere bei GPS-Daten können Abweichungen nicht ausgeschlossen werden. Sollte dieses Werk Links auf Webseiten Dritter enthalten, so machen wir uns die Inhalte nicht zu eigen und übernehmen für die Inhalte keine Haftung.

Bildnachweis: siehe S. 190–191

Die Deutsche Nationalbibliothek verzeichnet diese Publikation in der Deutschen Nationalbibliografie; detaillierte bibliografische Daten sind im Internet über http://dnb.d-nb.de abrufbar.

Copyright © der deutschsprachigen Ausgabe: 2019, Bruckmann Verlag GmbH, München

ISBN 978-3-7343-1655-5

CHRIS NAYLOR

GO WILD

DEIN

Outdoor-Abenteuer wartet

ÜBERALL

BRUCKMANN

INHALT

EINLEITUNG
6

WÄLDER & WALDGEBIETE
36

DIE FREIE NATUR
8

BERGE & HÄNGE
68

MEERE & KÜSTEN
98

HOCH- & TIEFEBENEN
162

FAZIT
188

SEEN & FLÜSSE
132

EINLEITUNG

Das Leben in unserer modernen Zeit ist anstrengend. Unser Verstand und unser Körper sind überfordert durch den ständigen Zwang, mehr zu schaffen, den Druck, mehr zu erreichen, und den Drang, mit der schnellen digitalen Welt Schritt zu halten. Völlig reizüberflutet bringen wir uns selbst an unsere Grenzen.

Es ist eine simple Tatsache, dass wir nicht für ein Leben in vier Wänden geeignet sind, wo wir stundenlang gebeugt vor Bildschirmen sitzen. Wir sind für das Gehen in natürlicher Umgebung, zum Laufen und Erkunden ausgelegt, für ein Leben in Harmonie mit der Natur – nicht getrennt von ihr. Jahrtausendelang lebten die Menschen im Freien, eine Affinität zur Natur liegt daher in unserer DNA. Wir müssen den Weg zurück zur Natur finden.

Dieses Buch möchte dir helfen, wieder Kontakt mit der Natur aufzunehmen. Der Anfang mag schwer sein – allein schon zu wissen, wo man beginnen soll –, aber egal ob du gerne wanderst, ruderst oder schwimmst, Tiere in freier Wildbahn bewunderst oder Wildbeeren sammelst – auf den folgenden Seiten findest du Inspiration, um an die frische Luft zu gehen und die Wunderwelt der Natur mit allen Sinnen neu zu entdecken.

Die Natur ist Balsam für Körper und Seele. Bereits 30 Minuten, die man in freier Natur verbringt, können den Blutdruck senken, die Konzentrationsfähigkeit steigern, unsere Stimmung aufhellen und unsere Kreativität fördern. Das ist die Medizin, die wir zur Heilung von Körper und Geist benötigen, und sie ist der Schlüssel zu unserer Gesundheit und zu unserem Glück.

WILDNIS IST KEIN LUXUS, SONDERN EINE NOTWENDIGKEIT FÜR DEN MENSCHLICHEN GEIST.

EDWARD ABBEY

DIE FREIE NATUR

Um dir dabei zu helfen, dich inmitten der Natur wohlzufühlen und unter freiem Himmel bestmöglich zurechtzukommen, findest du im folgenden Kapitel einige grundlegende Bushcraft-Tipps, die jeder Entdecker kennen sollte. Diese Kenntnisse tragen zu deiner Sicherheit und zum richtigen Umgang mit der Natur bei und versetzen dich in die Lage, denkwürdige Abenteuer anzutreten, an die du dich noch nach Jahren erinnern wirst.

BASIS-BUSHCRAFT-TIPPS

Egal, ob du einen Nachmittagsspaziergang über die Felder planst oder eine mehrwöchige Wanderung in den Bergen – es gibt einige grundsätzliche Regeln, die du in der freien Natur beherzigen solltest.

Sag jemandem Bescheid: Sorg dafür, dass jemand außerhalb deiner Gruppe weiß, wo ihr seid und wann mit eurer Rückkehr zu rechnen ist. Wenn du die richtigen Vorkehrungen triffst, ist es unwahrscheinlich, dass du irgendwelche Probleme bekommen wirst. Aber die Natur ist unberechenbar, und falls sich das Wetter unerwartet verschlechtern oder jemand in deiner Truppe sich unterwegs eine Verletzung zuziehen sollte, ist es ein zusätzliches Sicherheitsnetz, wenn jemand außerhalb der Gruppe im Notfall Alarm schlagen kann.

Hol eine Erlaubnis ein: Bevor du zu einem Lauf, einer Wanderung, einem Campingausflug oder einem anderen Abenteuer abseits ausgewiesener Wege und fern von offiziellen Campingplätzen aufbrichst, solltest du sicherstellen, dass es für den Besitzer des Terrains okay ist, dass du dich dort aufhältst und dass du die regionalen Regeln und Bestimmungen kennst und befolgst.

Sei vorbereitet: Versuch, auf jegliche Eventualitäten vorbereitet zu sein. Check vor dem Aufbruch die Wetterprognosen und pack entsprechend. Nimm auch Wasser, ein Erste-Hilfe-Set, eine Karte und ein Kommunikationsgerät mit, sei es ein Handy oder ein satellitengestütztes Notrufgerät. Obwohl Letzteres teurer ist, wäre es eine Überlegung wert, wenn du planst, dich für längere Zeit an einen abgelegenen Ort zu begeben.

Hinterlass keine Spuren: Die freie Natur ist für jedermann zum Genießen da, aber um Flora und Fauna gesund und wohlauf zu halten, tragen wir die Verantwortung, unser Einwirken so weit es geht zu minimieren. Das bedeutet, so wenig Spuren wie möglich von unserem Besuch zu hinterlassen: Nimm all deinen Abfall mit nach Hause, lösch dein Feuer und verdeck deine Feuerstellen, bau alle von dir gebauten Unterstände wieder ab, und wenn du Holz für Feuer oder Lagerplatz sammelst, achte darauf, nur so viel zu verwenden, wie du brauchst, und benutz nicht zu viel von einem einzelnen Standort.

> Sag mir, was ist dein Plan für dein einziges wildes und kostbares Leben?
>
> — MARY OLIVER

CAMPING

>>>―――――――――▶

Camping ist eine der einfachsten Möglichkeiten, der Hektik des modernen Alltags für eine kurze Zeit zu entfliehen, und Jahr für Jahr schnappen sich immer mehr Leute ihre Zelte, um ein Wochenende in der freien Natur zu verbringen.

Statt vom schrillen Signal des Weckers wirst du vom sanften Licht der aufgehenden Sonne geweckt, und während du dir noch den Schlaf aus den Augen reibst, wirst du vom Gesang der Vögel, dem Rauschen der Blätter und der frischen Luft begrüßt. So eine kleine Auszeit könnte genau das sein, was du zum Regenerieren brauchst. Ob du dich auf einen Wildcamping-Trip begibst oder dein Zelt auf einem Campingplatz aufschlägst – hier kommt eine Packliste mit Basis-Equipment, das kein Camper vergessen sollte:

- > **Zelt.** Wenn du beim Wildcampen zu Fuß unterwegs sein wirst, sollte dein Zelt möglichst kompakt und leicht sein. Wenn du auf einem Campingplatz Urlaub machst, kann das Zelt ruhig größer sein.
- > **Schlafsack.** Viele Schlafsäcke sind für zwei oder mehr Jahreszeiten geeignet und sollten für die meisten Camping-Trips ausreichen, prüf aber immer, ob dein Schlafsack für die Umgebung und Temperaturen geeignet ist, denen du voraussichtlich ausgesetzt sein wirst.
- > **Isomatte.** Eine isolierende, weiche Schlafunterlage zwischen dir und dem Boden speichert Wärme und macht deine Nacht erheblich bequemer.
- > **Funktionale Kleidung.** Bring immer einen warmen Pullover mit, denk aber auch daran, mehrere dünne Lagen an Kleidung einzupacken. Durch das »Zwiebelprinzip« speichern die Luftschichten zwischen den einzelnen Lagen zusätzlich Wärme, und es ist leichter, die Kleidung dem Wetter anzupassen.
- > **Tüten/Müllbeutel.** Immer nützlich – sei es, um Schuhe über Nacht trocken zu lagern oder um Abfall aufzunehmen.
- > **Taschenlampe.** Nützlich, um nachts Dinge zu finden und im Dunkeln auf die Toilette zu gehen.
- > **Schnur/Seil.** Man weiß nie, wann eine Schnur nützlich sein könnte – sei es, um als Wäscheleine zu dienen oder um etwas zusammenzubinden.
- > **Küchenvorräte.** Überleg dir vor deinem Aufbruch, welche Art von Gerichten du kochen willst, und bereite so viel wie möglich zu Hause vor. Als Mindestausrüstung wirst du wahrscheinlich Folgendes benötigen: einen Campingkocher mit Brennstoff plus geeignetem Kochtopf, Streichhölzer (vor Wasser geschützt aufbewahren), Utensilien zum Kochen und Essen (Messer, Kochlöffel, Besteck, Dosenöffner etc).
- > **Toilettenpapier.** Auf manchen Campingplätzen sind die Toiletten nicht besonders gut ausgestattet, und es ist immer ratsam, vorbereitet zu sein.

Der Mensch, der zu Fuß geht und bereit ist, überall und bei jedem Wetter zu campen, ist der unabhängigste Zeitgenosse auf Erden.

HORACE KEPHART

FEUER MACHEN

Als Menschen fühlen wir uns von Flammen als Quelle der Wärme und Sicherheit instinktiv angezogen. Die Fähigkeit, uns in einer sozialen Gruppe um ein Feuer herum zu versammeln, hat unsere Entwicklung unterstützt – kein Wunder also, dass es noch heute so fundamental und faszinierend ist, ein Lagerfeuer zu erleben.

Ein Feuer erfasst all unsere Sinne und es zentriert unseren Fokus – das hypnotische Glühen der Flammen, die Wand der Wärme, der Geruch des Rauchs und das Knistern des Holzes. Der magische Effekt, insbesondere, wenn man in der Gruppe gemeinsam am Feuer sitzt, vertreibt alle Sorgen und vermittelt Geborgenheit. Mittlerweile wurde wissenschaftlich bestätigt, dass die beruhigende Wirkung, die das Sitzen am Lagerfeuer hat, den Blutdruck senken kann. Das Entfachen eines Lagerfeuers ist somit zweifellos ein wesentlicher Teil jedes Campingtrips und bleibt einem nachhaltig im Gedächtnis. Es ist außerdem keine große Kunst, wenn man einmal raus hat, wie es geht.

So macht man ein Lagerfeuer

1. Such nach einer Fläche mit viel Platz, einige Meter von Bäumen, Büschen und ausladenden Ästen entfernt. Räum so viel Boden wie möglich frei, bevor du das erste Brennholz positionierst – es darf kein brennbares Material, wie etwa kleine Blätter oder Zweige, an deiner Feuerstelle herumliegen. Sorg außerdem dafür, dass du zum Löschen des Feuers Wasser zur Hand hast.

2. Leg einen Ring aus größeren Steinen um deine Feuerstelle herum an. Verwende dafür vorzugsweise harte, nicht poröse Steine und stell sicher, dass sie trocken sind. Falls der Boden feucht ist, leg eine floßähnliche Konstruktion aus trockenen Zweigen in der Mitte des Steinrings an.

3. Nun geht es ans Zunder-, Anbrennmaterial- und Feuerholzsammeln. Zunder ist leicht entflammbares Material, wie etwa trockenes Heu, Zunderschwämme, Holzspäne oder Zeitungspapier (siehe auch Seite 31). Anbrennmaterial lässt sich ebenfalls leicht anzünden, brennt aber länger als Zunder, wie etwa mittelgroße Zweige oder Pappe. Für Feuerholz sammle Äste und Holzstücke mit teils kleinem, daumendicken und teils größerem, armdicken Durchmesser (oder bring etwas Brennholz mit).

4. Leg zuerst den Zunder in die Mitte des Steinrings, ordne dann darüber das Anbrennmaterial in Form eines Tipis an, mit einer kleinen Lücke, um den Zunder im Inneren anzuzünden. Um das Feuer überschaubar zu halten, sollte diese Konstruktion nicht breiter als deine Handspanne sein.

5. Zünd nun den Zunder mit einem Streichholz, Feuerzeug oder Feueranzünder an. Vielleicht musst du ein bisschen pusten, um den Flammen auf die Sprünge zu helfen. Sobald dein Zunder gut brennt, leg allmählich an der Außenseite des Feuers Anbrennmaterial und Feuerholz nach, mit den kleinsten Ästen beginnend und dann immer größere Holzstücke nehmend.

6. Zum Löschen des Feuers lass es zunächst einfach ausbrennen. Gieß dann großzügig Wasser über die Glut, bis sie komplett gelöscht ist. Schieb dann mithilfe eines Stockes oder Ähnlichem alles teilweise verbrannte Holz zusammen, um sicherzustellen, dass keine heiße Glut mehr vorhanden ist. Vermisch Asche und Holzreste zu einer nassen Masse, damit sich nichts mehr erneut entzünden kann. Sobald alles vollständig abgekühlt ist, sodass man es berühren kann, brich die Erde unter deiner Feuerstelle auf, verteil die kalte, feuchte Asche sorgfältig und bedeck alles mit Erde, Blättern oder Steinen. Der Lagerplatz sollte nach deinem Besuch so aussehen, wie du ihn vorgefunden hast.

KOCHSESSION AM LAGERFEUER

Hierfür benötigst du eine Baum- oder Faltsäge, dazu einen Kochtopf mit Bügelgriff.

> Schneid mit der Säge zwei etwa 5 Zentimeter dicke Äste (mit je einer Y-förmigen Astgabel am Ende) jeweils auf 1 Meter Länge zurecht. Such dir dann einen frischen Ast (frisches Holz ist schwerer als totes Holz und seine Rinde löst sich nicht leicht ab) mit etwa den gleichen Abmessungen, aber ohne Y-Astgabel. Es ist wichtig, dass dieser Ast frisch ist, da er dann weniger leicht entflammbar ist.

> Treib vor dem Entzünden deines Feuers die beiden Y-förmigen Stöcke in den Boden, einen auf jeder Seite deiner Feuerstelle. Achte darauf, dass der Abstand zwischen ihnen etwas kürzer ist als die Länge deines frischen Astes. Häng nun den Bügelgriff des Topfes über den frischen Ast und positioniere diesen in den Astgabeln der Y-förmigen Stöcke. Eventuell musst du die Höhe der beiden Stöcke justieren, damit dein Topf später nah genug an der Wärmequelle ist.

> Sobald du sicher bist, dass deine Konstruktion gut positioniert und stabil ist, entfern den frischen Ast mit dem daran hängenden Topf und entzünde dein Feuer. Sobald es gut brennt, positioniere Stock und Topf darüber, und schon kannst du mit dem Kochen beginnen.

KOCHEN MIT DEM CAMPINGKOCHER

Man muss nicht unbedingt ein Lagerfeuer entfachen, um unter freiem Himmel den Kochlöffel zu schwingen – ein Campingkocher eignet sich ebenso gut. Diese leichten und praktischen Geräte sorgen dafür, dass du nach den Abenteuern des Tages eine warme Mahlzeit genießen kannst, wo immer du auch bist – ein einfacher Genuss, der nicht zu übertreffen ist.

Der Gebrauch eines Campingkochers erfordert in der Regel das Mitführen von entsprechendem Brennstoff, daher ist es wichtig, mit diesem ordnungsgemäß und sicher umzugehen. Brennstoffkartuschen dürfen sich nur im Campingkocher befinden, wenn er in Betrieb genommen wird, ansonsten müssen sie an einem trockenen Ort außerhalb des Kochers und in aufrechter Position verwahrt werden. Campingkocher funktionieren am besten auf einer ebenen Fläche – such dir den perfekten Standort daher in Ruhe aus oder bau eine ebene (und stabile!) Plattform aus Steinen und Stöcken. Wähl einen Ort, der relativ windgeschützt ist, da du sonst Schwierigkeiten bekommst, den Brennstoff anzuzünden.

Wenn es an die Wahl deines Kochtopfes geht, entscheide dich für einen, der der Größe deines Kochers am nächsten kommt oder einen Tick größer ist, da so die Energie am effizientesten genutzt wird. Wenn möglich, achte darauf, dass dein Topf einen Deckel hat, damit du so viel Hitze wie möglich festhalten kannst.

Um die Garzeit zu minimieren, weich trockene Nahrungsmittel wie Nudeln oder Reis vor dem Kochen 5–10 Minuten in kaltem Wasser ein. Wenn du mit dem Kochen fertig bist, gib dem Kocher genug Zeit zum Abkühlen, bevor du die Brennstoffkartusche entfernst.

CAMPINGKOCHER MARKE EIGENBAU

Dies ist ein Projekt, mit dem du dich an kalten Winterabenden beschäftigen kannst, wenn du zu Hause deine Abenteuer planst. Du benötigst einen Marker, eine Metallschere, eine Metallfeile, Metallbohrer und zwei unterschiedlich große, leere Aluminiumdosen (die kleinere Dose muss in die größere passen). Achte darauf, dass sie sauber, trocken sowie von den Etiketten befreit sind und dass jeweils der Deckel (mit einem Dosenöffner) abgetrennt wurde. Vorsicht vor scharfen Kanten.

1. Nimm die größere Dose und dreh sie um, sodass der Boden nach oben zeigt. Stell die kleinere Dose darauf und zeichne ihren Umriss auf dem Boden der großen mit dem Marker nach. Schneid den Kreisinhalt der Markierung aus der großen Dose mit der Metallschere aus und feil die Schnittkanten glatt.

2. Dreh die größere Dose um und bohr mit einem kleinen Metallbohrer im unteren Bereich rundherum eine Reihe von Löchern. Bohr dann einen weiteren Ring von Löchern unmittelbar darüber, jeweils über den Lücken der ersten Reihe. Vergrößere alle Löcher mit einem dickeren Bohrer.

3. Nimm dann die kleine Dose und bohr mit einem kleinen Bohrer viele Löcher in den Boden. Diese sollten gleichmäßig verteilt sein.

4. Wiederhol dann dasselbe wie bei der großen Dose und bohr zwei Ringe von Löchern in den unteren Bereich der Dose. Abschließend bohr einen Ring kleinerer Löcher rund an der oberen Kante der kleinen Dose.

Füll die kleine Dose mit Brennmaterial – Zweigen, kleinen Pappstücken, Tannenzapfen – und stell die Dose in die größere Dose. Achte darauf, dass die Dose auf feuchter Erde, Beton oder einer anderen feuerfesten Fläche unter freiem Himmel steht. Zünd dann das Brennmaterial mit einem Streichholz an und schon bist du zum Kochen bereit. Wenn dein Brennmaterial während des Kochens zur Neige geht, füll einfach etwas nach.

LAGERFEUER-BOHNEN-CHILI

Für 2-3 Portionen

ZUTATEN

1 EL Olivenöl
1 Zwiebel, gewürfelt
1 Dose Baked Beans
1 Dose Kidney Bohnen in Chilisauce
1 Dose Schältomaten
1 TL Knoblauchpulver
1 TL Chilipulver (oder mehr nach nach Belieben)
1 TL Paprikapulver
Salz und Pfeffer
Käse, gerieben
Frühlingszwiebeln, gehackt
knuspriges Brot (optional)

ZUBEREITUNG

Das Öl in einer Pfanne erhitzen (möglichst bei geringer Temperatur), die Zwiebelwürfel dazugeben und glasig anschwitzen.

Baked Beans, Kidney Bohnen und Schältomaten unterrühren, dann sorgfältig Knoblauch-, Chili- und Paprikapulver untermengen. Nun alles 20 Minuten unter gelegentlichem Umrühren sanft köcheln lassen.

Mit Salz sowie Pfeffer abschmecken und mit Käse sowie Frühlingszwiebeln bestreuen. Optional ein Stück knuspriges Brot als Beilage dazu reichen.

TIPP: Wenn du planst, beim Camping unter freiem Himmel zu kochen, minimiere den Aufwand vor Ort, indem du vorab deine Gewürze für jede Mahlzeit in einen kleinen Behälter füllst – auf diese Weise musst du nicht mehr mitnehmen, als du wirklich benötigst.

LAGERFEUER-S'MORES

4 Portionen

ZUTATEN

4 Marshmallows
8 Kekse (z. B. Rich-Tea)
Toffeesauce
Schokolade, in kleine Stücke gebrochen
1 langer, selbst geschnitzter Holzspieß

ZUBEREITUNG

Alle Marshmallows auf einen langen Spieß stecken und über dem Lagerfeuer rösten, bis sie gerade eben anfangen, zu schmelzen und goldbraun zu werden.

Jeweils 1 Marshmallow auf 1 Keks legen. Mit Toffeesauce beträufeln und ein paar Stücke Schokolade darüberkrümeln. Mit einem weiteren Keks abdecken und leicht zusammendrücken – fertig ist ein zart schmelzender, schokoladiger Genuss.

TIPP: Fertige den Spieß gemäß der Anleitung auf Seite 31 an.

GEMÜSE-SPIESSE

4 Portionen

ZUTATEN

je 1 gelbe und 1 rote Paprika-schote, in mundgerechte Stücke geschnitten
8 kleine Champignons
1 Aubergine, in mundgerechte Stücke geschnitten
1 Zucchini, in Scheiben geschnitten
8 Kirschtomaten
1 EL Olivenöl
Zitronensaft (optional)
Salz und Pfeffer
4 lange, selbst geschnitzte Holzspieße

ZUBEREITUNG

Das Gemüse abwechselnd auf die Spieße stecken, sodass auf jedem Spieß mindestens zwei Stücke jeder Gemüsesorte sind. Das Gemüse mit Olivenöl und optional mit Zitronensaft beträufeln und mit Salz sowie Pfeffer würzen.

Die Gemüse-Spieße etwa 5 Minuten über dem Lagerfeuer rösten, bis sie leicht gebräunt und »al dente« sind.

TIPP: Fertige die Spieße so an, wie du sie für einen Marshmallow-Spieß machen würdest (siehe Seite 31), aber schabe unterhalb der Spitze mehr Rinde ab.

Ein Schutzdach bauen

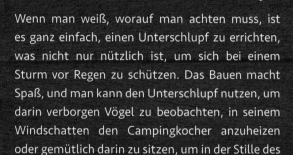

Wenn man weiß, worauf man achten muss, ist es ganz einfach, einen Unterschlupf zu errichten, was nicht nur nützlich ist, um sich bei einem Sturm vor Regen zu schützen. Das Bauen macht Spaß, und man kann den Unterschlupf nutzen, um darin verborgen Vögel zu beobachten, in seinem Windschatten den Campingkocher anzuheizen oder gemütlich darin zu sitzen, um in der Stille des Waldes zu baden.

Das Hauptelement ist eine Plane, da diese dein Schutzdach bilden wird. Andere nützliche Materialien sind Seile, Schnüre und Heringe.

Methode 1

Such dir zwei Bäume, die ein paar Meter voneinander entfernt stehen, und befestige ein Seil an ihnen wie eine Wäscheleine. Häng deine Plane über das Seil und sichere die vier Ecken der Plane mit Heringen oder schweren Steinen am Boden. Wenn du die Seite des Schutzdachs gegen den Wind anwinkelst, eignet sich diese Methode besonders gut als Regenschutz bei nasser Witterung.

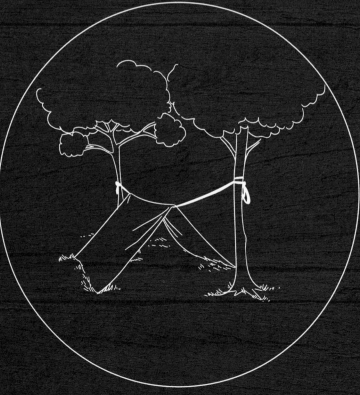

Methode 2

Hierfür benötigst du vier Bäume in etwa quadratischer Anordnung. Folge der Anleitung von Methode 1, also befestige ein Seil zwischen zwei Bäumen wie eine Wäscheleine und häng die Plane darüber. Sichere eine Seite der Plane am Boden mit Heringen. Heb dann die andere Seite so an, dass sie parallel zum Boden verläuft, und sichere beide Ecken mit Schnüren an den beiden anderen Bäumen. So hast du einen guten Ausblick unter dem Schutzdach und einen wirksamen Windschutz, wenn du deinen Campingkocher benutzt.

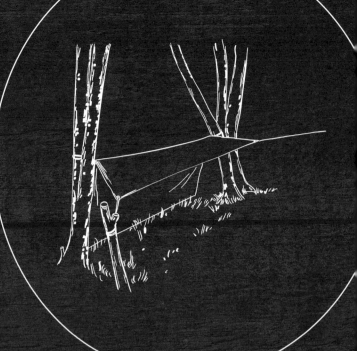

Methode 3

Für dieses Schutzdach benötigst du drei lange, gerade Stöcke (zwei etwa 2 Meter lange und einen etwas kürzeren). Steck die beiden längeren Stöcke so in den Boden, dass sie oben einen Dreieckswinkel bilden und sich an der Spitze kreuzen. Nimm dann den kürzeren Stock und leg ein Ende in die durch die beiden langen Stöcke gebildete Gabel, dann steck das andere Ende fest in den Boden. Häng die Plane über die Konstruktion. Sichere dann die Spitze (wo sich die Stöcke kreuzen) mit einem Stück Schnur und die unteren Ränder der Plane mit Heringen.

WASSER FINDEN

>>> ───────►

Wir alle wissen, dass Wasser für uns lebenswichtig ist. Obwohl der menschliche Körper drei Wochen ohne Nahrung überleben kann, kommen wir nur drei Tage ohne Wasser aus. Das Wissen, wo man das kostbare Nass findet und wie man es zu Trinkwasser aufbereitet, wird dein Selbstvertrauen als Outdoor-Entdecker stärken und dich mit wichtigen Kenntnissen ausstatten, die dir in der Wildnis dienlich sein können.

So findet man Wasser

Wasser rinnt immer abwärts, daher ist es schlau, zuerst in tiefer gelegenem Terrain danach zu suchen. Du kannst dich auch in der Umgebung umschauen: Wenn es um dich herum viele Fährten gibt, dann ist es wahrscheinlich, dass eine Wasserquelle in der Nähe ist.

So sammelt man Wasser

Wenn du keine Wasserquelle finden kannst, gibt es verschiedene Möglichkeiten, Regenwasser zu sammeln. Befestige bei Regen eine Plane zwischen ein paar Bäumen und richte sie so aus, dass das aufgefangene Wasser in ein Gefäß rinnt. Oder bind frühmorgens T-Shirts um deine Beine und lauf durch taunasses Gras. Der Stoff nimmt die Feuchtigkeit auf, die du in einen Behälter auswringen kannst.

So reinigt man Wasser

Bei in der freien Natur gesammeltem Wasser besteht die Gefahr, dass es durch Schmutz, Mikroorganismen oder Chemikalien verunreinigt ist. Falls du es nicht einer Quelle oder einem hochgelegenen, schnell fließenden Gebirgsbach entnommen hast und dir nicht sicher bist, ob es Trinkwasserqualität hat, solltest du es immer reinigen. Hierfür kannst du einen im Laden gekauften Wasserfilter oder Reinigungstabletten verwenden. Alternativ kannst du selbst einen einfachen Filter bauen. Alles, was du dazu brauchst, sind ein Strumpf und ein paar Dinge aus deiner Umgebung. Nimm den Strumpf und füll ihn mit Schichten aus Sand, Steinchen und schließlich Stroh. Dann gieß das Wasser durch diesen provisorischen Filter und fang es unten in einem anderen Behälter auf. Auf diese Weise werden die Trübstoffe – Dreck, Erde, Sand usw. – entfernt. Dann erhitz das Wasser in einem Topf mit Deckel und lass es mindestens 4 Minuten kochen, um alle Bakterien abzutöten.

DIE FREIE NATUR

SCHNITZEN

Ein wichtiger Teil des Überlebenstrainings ist die Fähigkeit, natürliche Materialien für dein Überleben zu nutzen, wie etwa benötigte Dinge aus Ästen und Zweigen selbst herzustellen. Mit deinen eigenen zwei Händen kannst du alle möglichen Utensilien schnitzen: Becher, Löffel, Zundermaterial und sogar Heringe. Für die folgenden Schnitzarbeiten benötigst du ein Messer.

Es gibt im Handel eine große Auswahl an Messern, darunter Klappmesser, aber ein Messer mit einer festen Klinge ist wahrscheinlich am sichersten, da keine Gefahr besteht, dass die Klinge versehentlich Weise einklappt. Messer speziell fürs Schnitzen findest du in Outdoor- und Werkzeug-Läden sowie im Internet.

Holzspäne

Das Herstellen von Spänen ist eine gute erste Übung, um deine Schnitzfertigkeiten zu schulen, und die Späne eignen sich prima als Zunder für ein Lagerfeuer (siehe Seite 14). Such nach einem auf dem Boden herumliegenden trockenen Stock und schab mit deinem Messer davon dünne Schichten ab (am Stock entlang von dir weg gleitend, langsam und leicht angewinkelt).

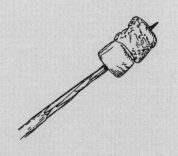

Marshmallow-Spieß

Such nach einem trockenen moosfreien Stock mit etwa 6 Millimetern Durchmesser und 50 Zentimetern Länge. Schneid mit deinem Messer rundherum Späne vom oberen Ende des Stocks ab, bis sich eine scharfe Spitze gebildet hat. Schab dann die äußere Rinde bis etwa 15 Zentimeter oberhalb des spitzen Endes ab. Achte darauf, dass es keine Splitter gibt, und schon ist dein Stock bereit, um Marshmallows daraufzustecken und sie über dem Lagerfeuer zu rösten.

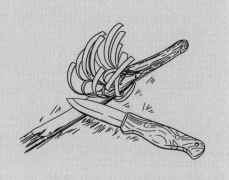

Federstock

Sobald du die Kunst der Herstellung von Spänen beherrschst, versuch dich an einem Federstock. Geh wie beim normalen Späneschnitzen vor, stoppe aber dein Messer kurz vor dem Ablösen des Spans, sodass du eine Locke oder »Feder« nach der anderen abschabst, sie aber am Stock belässt, bis die Sache an einen Staubwedel erinnert. Federstöcke eignen sich hervorragend als Zunder, wenn es an trockenem Heu mangelt.

Hering

Hierfür benötigst du eine Camping- oder Faltsäge als Ergänzung zum Messer. Such dir einen dicken Ast mit etwa 20 Zentimetern Länge und 3 Zentimetern Durchmesser. Schnitz ein Ende mit dem Messer zu einer Spitze zurecht. Miss dann ungefähr 5 Zentimeter vom anderen Ende ab und schneide mit deiner Säge etwa zu einem Viertel durch den Stock. Nimm dann dein Messer und mach einen weiteren Schnitt in einem 45-Grad-Winkel zur gesägten Markierung. Dies ist die Kerbe, in der später die Zeltschnur sitzen wird. Dann runde den Hering oben mit dem Messer ab, da dies sein Aufspalten verhindert, wenn du ihn in den Boden hämmerst.

WILDERNTEN

In früheren Zeiten war das Überleben der Menschen vom Jagen und Sammeln abhängig. Heutzutage ist die Nahrungssuche für viele von uns keine Notwendigkeit mehr, aber sie ist eine hervorragende Möglichkeit, um die Natur kennenzulernen und wieder mit ihr in Kontakt zu treten. Zudem ist es wie eine Schatzsuche, bei der man mit einer leckeren Köstlichkeit belohnt wird, die man selbst gesammelt und von Grund auf selbst zubereitet hat. Auf den folgenden Seiten findest du ein paar Inspirationen – von leicht zu findenden essbaren Pflanzen und Beeren bis hin zu Nahrungsmitteln, die eine etwas intensivere Suche erfordern. Hier kommen außerdem die goldenen Regeln, die für jeden Sammelausflug ins Grüne gelten:

> Wenn du nicht absolut sicher bist, dass das von dir Gefundene essbar ist, dann solltest du es unter keinen Umständen verzehren. Sehr hilfreich ist es, ein Pflanzenbestimmungsbuch mit zum Sammeln zu nehmen.

> Manche Wildkräuter und -pflanzen können die Wirkung von Medikamenten beeinflussen; wenn du also Arzneimittel einnimmst, sprich vor dem Wildernten mit deinem Arzt.

> Hol vor der Sammelaktion stets die Genehmigung des Grundstücksbesitzers ein.

> Wenn du etwas wild Gesammeltes zum ersten Mal kostest, achte darauf, dass du dich in einer sicheren Umgebung befindest und dass eine andere Person bei dir ist, falls eine allergische oder toxische Reaktion eintritt.

> Sammle beim Wildernten nicht zu viel in einem bestimmten Bereich, da dies dem Pflanzenbestand schadet. Ernte in einem möglichst großen Areal und nimm nicht mehr, als du benötigst.

> Meide Flächen, die möglicherweise mit Chemikalien belastet sind. Pflanzen am Straßenrand etwa werden oft mit Pestiziden besprüht. Stets gilt: Wenn du unsicher bist, meide den Standort und sammle nicht in dem Bereich.

WÄLDER & WALDGEBIETE

Geh in einen Wald und du betrittst eine andere Welt. Ein Wald ist still, majestätisch und mysteriös, strotzt aber auch vor Farben und Leben. Wo auch immer du hinsiehst, gibt es etwas zu entdecken, sei es oben im grünen Baldachin der Baumwipfel oder auf dem Boden unter deinen Füßen. Inmitten der Bäume kannst du wandern, entspannen, klettern oder forschen – der Wald ist ein Reich mannigfaltiger Möglichkeiten.

WALDBADEN

Ein Wald ist ein Ort der Stille und Ruhe, in den der Lärm und die Hektik des Alltags nicht vordringen. Er ist ein friedlicher, natürlicher Raum, in dem du deine Seele baumeln lassen, dich regenerieren und deine Identität wiederfinden kannst.

Dieser Ansatz, dass der Wald heilende Kräfte besitzt, bildet den Kern der japanischen Praxis des Waldbadens, »Shinrin-yoku« genannt. Das Konzept ist einfach: Spazier durch den Wald, lass dir Zeit und nimm die Atmosphäre wahr, die dich umgibt. Die saubere Luft. Das grüne Licht. Vogelgezwitscher. Den Wind in den Wipfeln. Den Boden unter deinen Füßen. Während du wanderst, konzentrier dich nur hierauf und erlaub es deinem Geist, abzuschalten und zu entspannen. Waldbaden hat viele gesundheitliche Vorzüge. Es kann das Immunsystem stärken, den Blutdruck senken, mehr Energie geben, Laune, Schlaf und Konzentrationsfähigkeit verbessern und sogar die Selbstheilungskräfte des Körpers fördern. Studien haben außerdem gezeigt, dass der Grad der Aggressivität und Gewaltbereitschaft bei Personen, die sich in einer Waldumgebung aufhielten, abnahm. Eins zu sein mit der Wildnis, umgeben von einer natürlichen, schönen Atmosphäre, erzeugt Optimismus und ein Glücksgefühl.

Komm in die Wälder,
denn hier ist Ruhe.
Es gibt keine größere Gelassenheit
als die der grünen, tiefen Wälder.

JOHN MUIR

WALDWANDERUNGEN

>>>———————————▶

Wandern ist eine aufbauende, Freude machende Aktivität, die seit Hunderten von Jahren von Menschen zelebriert wird. Im Zeitalter der Geschwindigkeit, Bequemlichkeit und Technologie gibt es kaum etwas Besseres als die einfache Freude, durch grüne, bewaldete Natur zu gehen, die einen erfrischt.

ZEIT MIT BÄUMEN

Nimm Kontakt mit der Natur auf – im wahrsten Sinne des Wortes! Reck und streck dich bei deinem Gang durch Wald und Flur und erfühl die Umwelt: die Beschaffenheit der Blätter, das weiche Blütenblatt einer Blume oder das Wasser eines Baches. Besonders besänftigend sind die Bäume. Schon der Aufenthalt in ihrer Gegenwart kann eine beruhigende Wirkung haben. Es wurde nachgewiesen, dass ein paar Minuten, die man mit dem Umarmen eines Baumes verbringt, echte gesundheitliche Vorteile bringen können, wie etwa Stressabbau und Verbesserung des geistigen Wohlbefindens, da einem ein Gefühl des Optimismus, des Vertrauens und der Ruhe vermittelt wird.

Schling deine Arme um den Stamm eines Baumes und verschränk deine Finger, wenn du kannst. Leg deine Wange an die Rinde, schließ deine Augen und fühl, wie dein Herzschlag sich verlangsamt. Spür die Stille und Beständigkeit des Baumes, stell dir sowohl seine Äste vor, die nach oben ragen, als auch seine im Boden verankerten Wurzeln. Bald geht dieses Gefühl der Erdung auf dich über.

> Der Wald ergreift weniger durch seine Schönheit die Herzen der Menschen als vielmehr durch ein subtiles Etwas, jene Beschaffenheit der Luft und die Ausstrahlung alter Bäume, die einen erschöpften Geist auf wunderbare Weise verändern und neu beleben.
>
> ROBERT LOUIS STEVENSON

> Bäume sind Gedichte, die die Erde in den Himmel schreibt.
>
> — KAHLIL GIBRAN

BAUMKLETTERN

Wenn du auf der Suche nach spannenden Abenteuern bist, erklimm neue Höhen und probier das Baumklettern aus.

Such nach einem Baum mit starken, breiten Ästen und klettere darauf herum, nimm die neuen Perspektiven wahr, wie viel sich ändert, nur wenige Meter über dem Boden. Wenn dir der Sinn nach einer noch größeren Herausforderung steht, versuch es mit Baumklettern als Freizeitsport. Es gibt Anbieter, die dich mit Sicherheitsausrüstung und Seilen ausstatten, sodass du die höchsten Bäume erklimmen kannst – wenn du den Wald von hoch oben aus bewunderst, wirst du spüren, wie sich dein Geist erhebt.

Das Erklettern eines Baums ist der ideale Weg, den Reiz des Waldes aufzunehmen, und es ist eine Aktivität, die das ganze Jahr über möglich ist, mit dem zusätzlichen Vorzug, dass sie deine Muskelkraft fördert und dir ein grandioses Erfolgsgefühl vermittelt.

Hinweis: Klettere nicht allein. Achte darauf, dass der Baum dein Gewicht tragen kann. Klettere nie höher, als du sicher wieder hinunterkommen kannst.

Wenn du Stärke und Geduld erfahren willst, halte dich unter Bäumen auf.

HAL BORLAND

ORIENTIERUNG

Für Abenteurer, denen ein gesunder Wettstreit Flügel verleiht, ist ein »Orientierungsmarsch« eine super Sache. Dieser Abenteuersport dreht sich darum, so schnell wie möglich von A nach B zu kommen, mit lediglich einer Karte, einem Kompass und gesundem Menschenverstand ausgestattet. Du benötigst dafür keine besondere Ausrüstung – solange du ein robustes Paar Schuhe und geeignete Outdoor-Kleidung besitzt, kann es losgehen.

Abgesehen davon, dass ein Orientierungsmarsch eine spannende Art und Weise ist, die Landschaft um dich herum zu erkunden, verbessert er auch deinen Orientierungssinn – der im Zeitalter der Navis und Apps häufig vernachlässigt wird. Außerdem ist es meist ein Teamsport, sodass die Teilnahme an Veranstaltungen die Gelegenheit bietet, neue Leute kennenzulernen. Wenn dir das Grundprinzip, nicht aber der Wettbewerbsaspekt zusagt, dann gibt es viele Klubs, die Veranstaltungen organisieren und dir das Einüben der Orientierungsfähigkeit ohne Zeitdruck ermöglichen.

NACHTWANDERUNG

Ein Wald im Mondschein ist eine völlig andere Welt als ein Wald bei Tage. Es mag sich zuerst unheimlich anfühlen, aber im Schutz der Dunkelheit sind zahlreiche Tiere aktiv, die es zu entdecken gilt, und der Wald selbst ist so faszinierend und mysteriös wie immer.

Bleib bei den Bäumen nahe am Waldrand und beobachte, wie die Sonne untergeht und sich die Welt des Waldes in der Dämmerung verwandelt. Halt Ausschau nach nachtaktiven Tieren, die im Zwielicht auf Beutezug gehen, wie etwa Dachse und Igel. Spitz die Ohren und lausch dem Geraschel der Mäuse und dem Bellen der Füchse. Im Blätterdach über dir erhaschst du vielleicht sogar einen Blick auf Fledermäuse oder Eulen, die ihre Bahnen durch die Dunkelheit ziehen. Wenn du im Wald bleibst, bis es ganz Nacht geworden ist, beobachte, wie deine Sehkraft sich steigert und dein Gehör sich schärft, und nimm das geschäftige Treiben des nächtlichen Waldes mit allen Sinnen wahr.

> Der klarste und deutlichste Weg ins Universum führt durch die Wildnis eines Waldes.
>
> JOHN MUIR

BAUMWIPFELPFADE

Such dir einen Baumwipfelpfad und genieß den Wald aus der Vogelperspektive. Diese einzigartige Aussicht erlaubt dir atemberaubende Blicke über die Kronen der Bäume und diese Waldwanderung wird garantiert ein Erlebnis sein, das du nie wieder vergisst.

FÄHRTENLESEN

Wälder strotzen nur so vor Leben; wenn du also mal einen Blick auf ein Wildtier erhaschen möchtest, dann ist der Wald dafür ein guter Ort. Das Finden und Verfolgen von Tierfährten erfordert Geduld, aber sobald du gelernt hast, die Hinweise zu deuten, kann es sehr lohnenswert sein. Du wirst erstaunt sein, wie viel du durch nur eine Fährte über das Leben in der Wildnis erfahren kannst.

TIPPS FÜR DIE SPURENSUCHE

> Recherchiere, welche Tiere in den Wäldern in deiner Umgebung heimisch sind. Wie sehen ihre Abdrücke aus? Welche Eigenschaften weist ihr Lebensraum auf? Welche Art von Nahrung fressen sie?

> Wenn du ein bestimmtes Tier verfolgst, stell fest, ob es ein Beutegreifer oder ein Beutetier ist. Sein Status in der Nahrungskette wird Auswirkungen auf seine Aktivitäten haben und dir dabei helfen, seinen Aufenthaltsort einzugrenzen.

> Die beste Zeit zur Wildtierbeobachtung ist früh am Morgen, am späten Nachmittag oder am frühen Abend. Tiere sind zu diesen Tageszeiten meist besonders aktiv, sodass du dann eher frische Spuren zu sehen bekommst.

> Ein paar der besten Hinweise sind Abdrücke der Tiere, die sich in Matsch oder Pfützen finden sowie in aufgewühlter Erde und Laub. Untersuch die Abdrücke auf die Anzahl der Zehen, die Form des Fußes oder der Klauen, um das Tier zu identifizieren. Untersuch das Abdruckmuster, um herauszufinden, ob das Tier in Bewegung war, da auch dies Hinweise auf die Tierart gibt. Eine Bündelung (vier Abdrücke, bei denen alle Füße in einem Klumpen gelandet sind) könnte auf ein Frettchen hinweisen; ein Hüpfen (vier Abdrücke, wobei die Hinterläufe auf der Außenseite oder vor den vorderen Füßen gelandet sind) könnten auf ein Kaninchen hinweisen; der Gang mit versetzten Abdrücken (dem Muster menschlicher Fußabdrücke ähnelnd) könnte auf Huftiere hinweisen, wie etwa Rehe.

> Tierfährten sind nicht nur Fußabdrücke. Eine Fährte setzt sich aus jeglichen Hinweisen zusammen, die ein Tier hinterlassen hat, also Bauten und Löcher, Kot und jegliche Spuren des Grasens, der Futtersuche oder auch der Jagd. All das gibt Hinweise darauf, was für ein Tier du verfolgst und wo es sich aufhalten könnte.

> Prüf, ob die von dir verfolgte Fährte alt oder frisch ist. Neue Abdrücke und frischer Kot sind oft glatter an den Kanten, ältere trocken und rissig. Wenn du auf Laub und Unterholz achtest, erscheinen diese oft dunkler als die Umgebung, wenn sie vor Kurzem bewegt wurden.

> Manche Tiere lassen sich leichter verfolgen als andere – so ist es einfacher, Fährten schwerer Waldbewohner mit großen Hufabdrücken aufzuspüren als die von kleineren. Solange du geduldig Ausschau hältst, wirst du bestimmt ein Wildtier in Aktion erspähen.

Kaninchenspuren:

Rehspuren:

Dachsspuren:

WÄLDER & WALDGEBIETE

VÖGEL DES WALDES

Vogelbeobachtung ist wahrlich einer der einfachsten Freuden des Lebens. Leg an einem Waldweg eine Pause ein, spitz die Ohren und sieh dich aufmerksam um, beobachte sowohl Baumwipfel als auch Unterholz. Es kann ein paar Minuten dauern, aber über kurz oder lang wirst du alle möglichen Waldvögel bei ihren alltäglichen Aktivitäten erspähen.

TIPPS IN SACHEN VOGELBEOBACHTUNG

> Bevor du losziehst, recherchiere, welche Art von Vögeln die Wälder deiner Umgebung bevölkern, oder besorg dir ein Vogelbestimmungsbuch, das dir beim Identifizieren der gesichteten Arten hilft. Du könntest auch Buch führen über deine Beobachtungen und notieren, wie viele Vögel du erspähst.

> Schließ dich einer Vogelbeobachtungsgruppe an deinem Wohnort an. Sie haben die aktuellsten Tipps für die besten Standorte und geben häufig Infos zu den neuesten Sichtungen. Obwohl die Vogelbeobachtung eine stille Beschäftigung ist, kann sie auch eine soziale Aktivität sein und viele »Birdwatcher« teilen ihr Wissen gerne mit dir.

> Trag natürliche Farben, die der Umgebung um dich herum ähneln, um dich zu tarnen. So werden die Vögel in deiner Gesellschaft entspannter sein.

> Vogelbeobachtung ist besonders lohnenswert, wenn du ein Fernglas hast, um die gefiederten Geschöpfe besser betrachten zu können, aber es geht auch ohne – viele Vögel wirst du auch mit bloßem Auge gut erkennen.

> Bring eine Kamera mit. Vögel sind wunderschöne Kreaturen und keiner gleicht dem anderen – Schnappschüsse deiner Beobachtungen ergeben perfekte Erinnerungsstücke.

> Denk daran, den Tieren gegenüber immer respektvoll zu sein und weder sie noch ihren Lebensraum zu stören. Bleib auf den Waldwegen, um zu vermeiden, dass du ihr Territorium betrittst, komm ihnen nicht zu nahe und verursache möglichst wenig Geräusche.

> Wenn du einen Vogel in einem Nest siehst, halte erst recht Abstand, da er besonders empfindlich ist. Er könnte vor Angst wegfliegen oder aggressiv werden, beides mit möglichen negativen Folgen für die Eier oder Küken im Nest.

Wenn ich einen grünen Zweig im Herzen trage,
wird sich ein Vogel darauf niederlassen.

CHINESISCHES SPRICHWORT

Schätze des Waldes: Bärlauch

Bärlauch wächst von etwa März bis Juni in Wäldern und bewaldeten Gegenden in weiten Teilen der nördlichen Erdhalbkugel. Aufgrund seines markanten Knoblauchgeruchs kannst du ihn normalerweise schon riechen, bevor du ihn siehst! Mit elliptisch-lanzettlichen Blättern und kleinen Büscheln weißer, sternförmiger Blüten bedeckt er den Waldboden oft wie ein Teppich. Obwohl das Wildernten von Pflanzen im Allgemeinen ungern gesehen wird, hat das Ernten einiger Bärlauchblätter auf einer größeren Fläche angesichts dieser Fülle keine nachteiligen Auswirkungen auf die Natur.

Sowohl die Blätter als auch die Blüten des Bärlauchs sind essbar. Die jungen Blätter können im Frühling roh verzehrt oder in Suppen oder Dips verwendet werden; die Blüten, die etwas später blühen, schmecken ausgesprochen lecker in Salaten. Dem Bärlauch werden auch viele gesundheitliche Vorteile zugesprochen. Er enthält Vitamin A und C, Kalzium sowie Eisen und soll sowohl antibakteriell als auch Cholesterin und Blutdruck senkend wirken. Schneid Blätter und Blüten des Bärlauchs mit einer Schere oder Gartenschere ab. Sammle das Schnittgut in einem Plastikbeutel, sei dabei behutsam, da die Blätter leicht zerquetscht werden. Im Kühlschrank lassen sie sich bis zu eine Woche aufbewahren.

Hinweis: Bärlauch ähnelt optisch stark dem giftigen Maiglöckchen. Nimm daher zuerst ein Blatt der Pflanze, die du ernten möchtest, und zerreibe es zwischen deinen Fingern. Wenn es wie Knoblauch riecht, handelt es sich um Bärlauch und kann ohne Bedenken verwendet werden.

BÄRLAUCH-PESTO

Ergibt 4 Portionen

ZUTATEN

80 g Bärlauchblätter (oder mehr nach Belieben)
30 g Parmesan, frisch gerieben
30 g Pinienkerne
3 EL Olivenöl
etwas Zitronensaft
Salz und Pfeffer
400 g frisch gekochte Pasta (oder Tomaten, in Scheiben geschnitten)

ZUBEREITUNG

Die Bärlauchblätter gründlich waschen und trocken tupfen.

Bärlauch, Parmesan, Pinienkerne und Öl in den Universalzerkleinerer geben und in kurzen Stößen zu einer Paste zerhäckseln. Alternativ die Zutaten von Hand im Mörser zerstoßen.

Die Paste mit Zitronensaft, Salz und Pfeffer abschmecken. Mehr Öl einarbeiten, falls das Pesto eine dünnere Konsistenz bekommen soll.

Zum Servieren das Pesto unter frisch gekochte Pasta mischen (oder für einen pikanten Salat über Tomatenscheiben träufeln).

Schätze des Waldes: Holunder

Holunderblüten erntet man vom Schwarzen Holunder, der etwa im Juni in cremig-weißer Blüte steht. Die Blüten lassen sich gut an ihrem süßen, sommerlichen Duft erkennen, der insbesondere an warmen Tagen die Luft durchzieht.

Blüten und Beeren sind die einzigen essbaren Teile des Holunderstrauches und sie müssen vor dem Verzehr immer gekocht werden. Am häufigsten werden vermutlich die Blüten für die Herstellung von Holunderblütensirup verwendet, der Getränken, Gelees, Eiscreme, Saucen, Kuchen und Streuseln ein intensives Aroma verleiht. Holunderblüten wurden lange auch in der traditionellen Medizin genutzt, und man geht davon aus, dass sie über entzündungshemmende Eigenschaften verfügen. Somit können Getränke, die die Blüten enthalten, auch als besänftigender Balsam bei Erkältung, Grippe oder anderen Atembeschwerden dienen.

Riech an den Blüten – solange sie süß und frisch duften, ist ihre Verwendung in Ordnung. Schneid zum Abernten die Blütendolden mit einer Schere ab oder lös sie mit den Fingern ab und leg sie in einen offenen Korb oder Jutebeutel – niemals abdecken oder zubinden, da sie dann unbrauchbar werden.

Hinweis: Achte darauf, Holunderblüten nicht mit denen des Wasserschierlings zu verwechseln, da Letzterer giftig ist. Der Wasserschierling wächst auf dem Boden und seine Blüten am Ende eines Stängels bilden mehrere runde Knäuel im Gegensatz zu den flachen, schirmförmigen Dolden des Holunderstrauches.

HOLUNDERBLÜTENSIRUP

Ergibt etwa 1 Liter

ZUTATEN

20 Holunderblüten-Dolden
650 g Zucker
1 l Wasser
Schale und Saft von 2 Bio-Zitronen, frisch abgerieben und ausgepresst
Schale und Saft von 1 Bio-Limette, frisch abgerieben und ausgepresst

ZUBEREITUNG

Die Holunderblüten-Dolden gut schütteln, um Insekten zu entfernen, dann vor der Verwendung abwaschen.

In einem großen Topf langsam Wasser zum Kochen bringen, dann den Zucker unterrühren, bis er sich auflöst.

Den Topf vom Herd nehmen, dann Schale und Saft der Zitrusfrüchte unterrühren (die Reste der Zitrusfrüchte beiseitestellen).

Die Holunderblüten-Dolden so in den Topf geben, dass die Blüten in die Flüssigkeit tauchen und die Stängel aus dem Wasser ragen. Dann die beiseitegestellten Reste der Zitrusfrüchte in Scheiben schneiden und mit in den Topf geben. Alles abdecken und über Nacht ziehen lassen.

Die Flüssigkeit durch ein sauberes Musselin- oder Seihtuch in sterilisierte Flaschen oder Gläser abfüllen, verschließen und im Kühlschrank aufbewahren. Mit Wasser verdünnt oder als Zugabe in Getränken wie Prosecco, Weißwein oder Gin servieren.

Schätze des Waldes: Esskastanien

Die beste Zeit zum Ernten von Esskastanien ist der späte Herbst, und die schmackhafte Delikatesse aus dem Wald stellt einen perfekten Genuss für die kürzer werdenden Abende dar. Esskastanien können auf vielfältige Weise zubereitet und gegessen werden, entweder pur (geröstet) oder in Pasteten, Suppen und Salaten. Sie sind außerordentlich ballaststoffreich, sodass sie beim Regeln des Cholesterinspiegels helfen, und sie enthalten, im Gegensatz zu anderen Nüssen, wenig Fett. Ihr Reichtum an Vitamin C macht sie außerdem zu einem Antioxidans, das zu einem intakten Immunsystem beiträgt.

Esskastanien lassen sich leicht von Rosskastanien unterscheiden. Die Fruchtbecher von Esskastanien sind gelb und stachelig und erinnern ein wenig an kleine Igel – im Gegensatz zu den grünen und dornenartig aussehenden Fruchtbechern der Rosskastanien.

Zum Ernten sammelt man vom Baum gefallene Kastanien vom Boden auf. Aufgrund der spitzen Stacheln ist es ratsam, dabei Handschuhe zu tragen. In ihren Schalen halten sich die Kastanien bei Zimmertemperatur eine Woche, in einer Papiertüte im Kühlschrank bis zu drei Wochen.

GERÖSTETE ESSKASTANIEN

Den Backofen auf 200 °C/Gasherd Stufe 6 vorheizen.

Die Kastanien aus ihren stacheligen Fruchtbechern lösen, zu weiche oder wurmstichige Exemplare aussortieren und entsorgen.

Stück für Stück die Kastanien mit der flachen Seite nach unten auf ein Schneidbrett legen und die gerundete Oberseite mit einem Sägemesser flach einschneiden (der Schnitt sollte gerade eben tief genug sein, um die Schale zu durchdringen, damit später beim Rösten Dampf austreten kann, sodass die Kastanien nicht explodieren). Die vorbereiteten Kastanien mit den eingeschnittenen Seiten nach oben auf ein Backblech legen und etwa 15–20 Minuten im Ofen rösten, bis sich die Schalen öffnen und zu lösen beginnen.

Die Kastanien aus dem Ofen nehmen und möglichst bald aus den Schalen pellen (im noch warmen Zustand geht es am einfachsten). Ofenhandschuhe oder ein Tuch verwenden, um die Hände vor Verbrennungen zu schützen.

Die Kastanien pur servieren oder in Salaten, Suppen oder Pasteten verwenden. Die gerösteten, gepellten Kastanien können in einem luftdichten Behälter bis zu vier Tage oder im Gefriergerät bis zu drei Monate aufbewahrt werden.

WÄLDER & WALDGEBIETE

LIFE IS A JOURNEY NOT A DESTINATION

BERGE & HÄNGE

Berge, die bis in die Wolken ragen und unser gesamtes Blickfeld einnehmen, führen uns vor Augen, dass die Natur ein wunderschöner und imposanter Ort ist. Hoch oben auf den felsigen Hängen scheint sich die Welt vor dir zu öffnen – die Wolken liegen dir zu Füßen, und es wirkt, als könntest du fast den Himmel berühren. Ein Berg ist ein Ort sowohl hoher Energie als auch des Abenteuers, der Momente der Stille und der Ehrfurcht.

KLEINE WOLKENKUNDE

Man schenkt ihnen oft wenig Aufmerksamkeit, aber wenn man sich die Zeit nimmt, um nach oben zu blicken, gewahrt man am Himmel eines der beeindruckendsten Schauspiele der Natur. Meist wünschen wir uns strahlenden Sonnenschein für einen Tag im Freien, aber ein bewölkter Himmel ist unendlich viel interessanter. Jede Wolke ist so einzigartig wie eine Schneeflocke. Wolken verändern ihre Form stetig, und die Art und Weise, wie sie sich entwickeln und das Licht reflektieren, kann Himmelskulissen von majestätischer Schönheit erzeugen. Wolken zu beobachten ist überall großartig, aber ein hoher Berg kann eine besonders spektakuläre Sicht auf sie bieten.

Cirrus: Dünne, flaumige Wolken in großer Höhe, die häufig an sonnigen Tagen und bei Sonnenauf- und -untergang auftreten.

Altostratus: Eine dünne, mittlere Lage grauer Wolken, die über eine große Fläche verteilt ist. Die Sonne ist häufig schwach durch sie hindurch sichtbar.

Altocumulus: Diese Wolken in mittlerer Höhenlage sehen aus wie flauschige Flecken, die dünn den Himmel bedecken.

Cumulonimbus: Dick und aufgebauscht haben diese Sturmwolken in der Regel eine flache Basis, die recht nahe am Boden ist, sie erstrecken sich aber bis hoch in den Himmel. Sie können weiß oder grau sein.

Cumulus: Flauschige, rundliche Wolken, die wie gemalt aussehen – in der Regel hochweiß und an sonnigen Tagen auftretend.

Stratocumulus: Wolken in geringer Höhe, die den Himmel wie eine breite, fleckige Decke überziehen.

Stratus: Lange, flache, gleichmäßige graue Wolken, die tief am Himmel hängen und für bedeckte Tage sorgen. Sie treten in Bodennähe als Nebel oder Dunst auf.

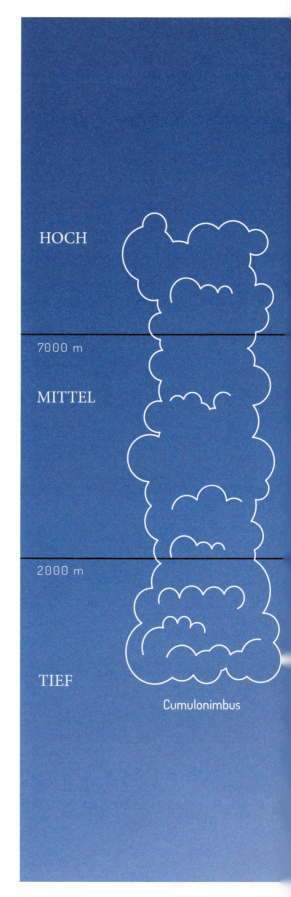

Cumulonimbus

Cirrus

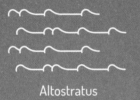
Altostratus

Cumulus

Altocumulus

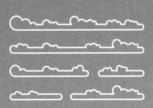
Stratus

Stratocumulus

GLEITSCHIRMFLIEGEN UND DRACHENFLIEGEN

Der Mensch hat immer vom Fliegen geträumt, und mit etwas Vertrauen kann jeder beim Gleitschirm- oder Drachenfliegen in die Lüfte steigen. Da man im Tandem mit einem Profi mitfliegen kann, sind diese unglaublichen Aktivitäten nicht nur Leuten mit Erfahrung vorbehalten – du kannst die Kontrolle dem Piloten überlassen und den atemberaubenden Flug genießen. Sobald du vom Boden abhebst,– erlebst du ein Gefühl der Befreiung und lässt deine Sorgen weit unter dir, während du in den Luftströmungen über Berge, Hügel und Täler schwebst.

YOGA IM SCHNEE

Winterwetter muss dich nicht davon abhalten, das Beste aus der freien Natur zu machen. Begrüß die Kälte und verleg deine Yoga-Praxis nach draußen: Füll deine Lungen mit frischer, kristallklarer Luft, genieß die wunderschöne Aussicht und find dein Glück zwischen schneebedeckten Bergen und Bäumen.

Bedenk die Kälte, da diese die Flexibilität deines Körpers beeinflusst. Aus diesem Grund sind die besten Asanas für Yoga im Schnee stehende Positionen, die auf Gleichgewicht und Stärkung der Körpermitte fokussiert sind, wie Baum, Adler und Krieger. Solange du mehrere flexible Lagen an Kleidung trägst, um deine Körpertemperatur stabil zu halten, und ein gutes Warm-Up machst, wird dich das winterliche Outdoor-Yoga bestimmt beleben.

Der Aufenthalt draußen im Schnee hat eine positive Wirkung auf deine Stimmung. Eine Schneelandschaft kann eine Atmosphäre der Stille und Ruhe erzeugen. Und das Vertraute in unvertrauter Weise zu sehen ermöglicht es uns, unser eigenes Leben aus einer neuen Perspektive zu betrachten. Die Vergänglichkeit des Schnees bringt uns ins Hier und Jetzt und erinnert uns an die Schönheit der natürlichen Welt.

Berge sind der Anfang und das
Ende aller natürlichen Landschaft.

JOHN RUSKIN

BIWAKING

Stell dir vor, du wirst auf der Spitze eines Berges von den ersten Sonnenstrahlen geweckt. Du öffnest die Augen und da ist kein Dach über deinem Kopf, nicht einmal ein Zelt – nur die Wolken und der Himmel, der goldene Schein der Morgensonne und nichts weiter außer hügeliger Landschaft.

Biwaking ist Camping ohne Zelt, mit einem Biwaksack – eine wind- und meist auch wasserdichte, im Bestfall atmungsaktive Hülle, die deinen Schlafsack wie ein Kokon ummantelt, um dich warm und trocken zu halten. Es ist ganz einfach: Wenn du denkst, dass es Zeit zum Schlafen ist, packst du Isomatte und Schlafsack in den Biwaksack, krabbelst hinein und legst dich aufs Ohr. Der Vorteil am Biwaking ist, dass es fast überall machbar ist. Das ist besonders nützlich, wenn du Berge erkundest, auf denen häufig nicht genug Platz für ein Zelt ist. Biwaking bietet eine Menge Freiheit, sodass du sogar auf dem Gipfel eines Berges übernachten kannst. Es erfordert kaum Spezialausrüstung und Vorbereitung. Es kann etwas unbequem sein, aber die spektakuläre Aussicht und das unvergessliche Erlebnis entschädigen dafür – näher kannst du der Natur kaum kommen.

PACKLISTE:

> Ein wasserdichter, atmungsaktiven Biwaksack

> Ein Schlafsack, der den klimatischen Bedingungen angemessen ist

> Eine Isomatte

> Eine große wasserdichte Tasche (um einen Wechselsatz an Kleidung über Nacht trocken zu lagern)

> Ausreichend Nahrung und Wasser

> Angemessene Wanderkleidung

> Eine warme Mütze und Handschuhe

> Eine wasserdichte, atmungsaktive Jacke

Das Leben ist entweder ein kühnes Abenteuer oder nichts.

HELEN KELLER

Let YOUR MEMORY BE YOUR travel BAG

BERGE & HÄNGE

FELSKLETTERN

Klettern ist ein absolut sicherer Weg, um dein Blut in Wallung und das Adrenalin ins Fließen zu bringen. Es ist ein körperliches und mentales Training, und das Erfolgsgefühl beim Erreichen des Gipfels deiner Route und die atemberaubende Aussicht auf die umgebende Landschaft werden dich immer wieder zum Klettern animieren.

Erkundige dich nach Klettervereinen in deiner Nähe, die dich mit der notwendigen Sicherheitsausrüstung versehen – wie etwa Gurt, Seil und Helm –, damit du gefahrlos Felshänge erklettern kannst.

BERGSTEIGEN

Wenn du Abenteuer, Spannung, imposante Aussichten und unvergessliche Erfahrungen suchst, steig auf einen Berg. Bergsteigen ist eine Herausforderung sowohl für deinen Körper als auch für deinen Geist. Die ersten Schritte können besonders einschüchternd sein – wenn ein Gipfel hoch über dir emporragt, ist es schwer, den Gedanken daran abzuschalten, wie viel Anstrengung noch vor dir liegt. Wenn du aber durchhältst, wirst du reich belohnt. Neben der Verbesserung deiner Kondition und des Gleichgewichtssinns kann das Erklimmen eines Berges dein Selbstvertrauen und deinen Fokus stärken, beim Stressabbau helfen und dir zu einem enormen Grad der Zufriedenheit und Erfüllung verhelfen.

TIPPS IN SACHEN BERGSTEIGEN

> **Gruppenanschluss**: Falls du kein erfahrener Bergsteiger bist, ist es zu deiner eigenen Sicherheit besser, dich einer geführten Wanderung anzuschließen.

> **Entscheidende Vorbereitung**: Mach dich vor dem Aufstieg mit deiner Route vertraut und sorg dafür, dass du die korrekte Ausrüstung hast.

> **Richtiges Schuhwerk:** Achte darauf, geeignete Schuhe zu tragen. Zum Bergsteigen im Sommer können Wanderschuhe oft ausreichend sein; andernfalls investiere in ordentliche Bergsteigerstiefel, um auch gegen Eis und Schnee gewappnet zu sein.

> **Notunterkunft:** Das Wetter in den Bergen ist unberechenbar und kann gefährlich sein, wenn du nicht vorbereitet bist. Nimm immer eine Art Notunterkunft mit, wie etwa eine »Bothy Bag«, um dich vor den Elementen zu schützen.

> **Die eigene Fitness richtig einschätzen:** Bergsteigen erfordert körperliche Fitness, im Besonderen dann, wenn die Route steile An- und Abstiege, Kraxeln und eine Menge unebenes Terrain umfasst; stell daher, bevor du losziehst, sicher, dass du ausreichend fit für die jeweilige Tour bist – dann meisterst du die Herausforderung und gefährdest weder dich selbst noch andere.

GRUNDAUSSTATTUNG:

- Karte und Kompass
- Trillerpfeife
- Ein Handy, voll geladen
- Sonnencreme und Sonnenbrille
- Eine isolierte, wasserdichte Jacke
- Viele warme Lagen Kleidung, inklusive Handschuhe und Mütze
- Geeignetes Schuhwerk, z. B. Bergsteigerschuhe
- Stirnlampe mit zusätzlichen Batterien
- Erste-Hilfe-Set
- Streichhölzer und Feueranzünder
- Viel Nahrung und Wasser
- Reparaturartikel, z. B. ein Messer und Klebeband
- Eine Notunterkunft, falls erforderlich (z. B. Bothy Bag oder Biwaksack – siehe S. 78)

> **ERKLIMME DEN BERG NICHT, UM DEINE FAHNE ZU HISSEN, SONDERN UM DIE HERAUSFORDERUNG ANZUNEHMEN, UM LUFT UND AUSSICHT ZU GENIESSEN. ERKLIMME IHN, DAMIT DU DIE WELT BETRACHTEN KANNST.**
>
> DAVID McCULLOUGH JR.

ABSEILEN

Wenn du abseits ausgetretener Pfade Berge erkunden möchtest, versuch es mit Abseilen. Abseilen ist eine Technik, die es Kletterern und Bergsteigern ermöglicht, an Felshängen mittels Seilen abzusteigen, die zum Klettern zu steil sind – es kann aber auch zur Hauptattraktion erklärt werden, so viel Spaß macht es.

Wenn du genügend Mut hast, die ersten Schritte zu wagen, wirst du unvergleichbare Ansichten der Landschaft und einen wilden, den Puls hochjagenden Abstieg an der Felswand erleben – und all das an einem einzigen Seil hängend. Dies kann selbst für Schwindelfreie eine Herausforderung sein, aber wenn du deine Angst überwindest, wirst du dich überglücklich fühlen.

Abseilen sorgt für einen Adrenalinkick und ist für fast jedermann geeignet, erfordert vorab allerdings etwas Sicherheitstraining. Bevor du dich unbeaufsichtigt abseilst, besuch ein Kletterzentrum in deiner Nähe, das Ausrüstung und Anleitung anbietet, und wag dich aus deiner Komfortzone hinaus.

Nur im Abenteuer schaffen es manche Menschen, sich selbst zu erkennen – sich selbst zu finden.

ANDRÉ GIDE

FELL-RUNNING

»Fell-Running« (auf Deutsch Gebirgslaufen) ist der extreme Cousin des Geländelaufs, und wenn du Spaß daran hast, deine Grenzen auszutesten und über dich hinauszuwachsen, dann könnte Fell-Running deine neue sportive Leidenschaft sein: Laufen in rauem Hochland mit deutlichem Steigungsanstieg und dies auf extreme Art und Weise. Im Allgemeinen sind Fell-Running-Routen unmarkiert, sodass es dir überlassen bleibt, den Weg von A nach B zu bestimmen; bei diesem Sport geht es gleichermaßen um Navigation wie um das Laufen selbst. Aber auch das Terrain macht die Sache extrem, da du dich mit jeder erdenklichen Kombination von Untergründen konfrontiert sehen kannst, wie etwa Gras, Felsen, Geröll, Schlamm oder steilen Auf- und Abstiegen. Es ist ein harter Sport und nichts für Zaghafte, aber eine abenteuerliche und lohnenswerte Möglichkeit, Gebirgslandschaften zu erleben.

Grandioses geschieht, wenn Mensch und Berg aufeinander treffen.

WILLIAM BLAKE

TIPPS IN SACHEN FELL-RUNNING

> Investiere in ordentliche Fell-Running-Schuhe. Diese Spezialschuhe sind nötig, um mit dem rauen und vielfältigen Gelände klarzukommen, um dir zusätzlichen Halt zu geben und die Verletzungsgefahr zu mindern.

> Sei immer vorbereitet. Unter kalten Wetterbedingungen nimm zudem wasserdichte Lagen an Kleidung, eine Mütze sowie Handschuhe mit. Und zu deiner Sicherheit hab immer eine Karte, einen Kompass und eine Trillerpfeife mit dabei.

> Überleg dir die Route immer im Voraus – auch wenn du dich unterwegs für Änderungen und Anpassungen entscheidest, musst du wissen, wohin dein Weg dich führt.

> Zieh eine Mitgliedschaft in einem Fell-Running-Klub in Erwägung. Ein Klub ermöglicht dir das Laufen auf Routen mit erfahrenen Leuten, die wertvolle Tipps geben können. Das ist insbesondere für Anfänger eine gute Option.

MOUNTAINBIKEN

Mountainbiken ist ein anspruchsvoller, dynamischer Abenteuersport, der den Adrenalinschub fördert und schnelle Reaktionen erfordert. Während du anspruchsvolles Gelände meisterst, kannst du atemberaubende Landschaften genießen und in den Bergen ein immenses Hochgefühl erleben.

Die Hauptrouten für gelegentliche Mountainbiker sind Querfeldeinstrecken und Bergabfahrten. Querfeldein ist wortwörtlich gemeint – du radelst über alle Arten von Terrain, die das Land zu bieten hat, inklusive Geröll, Gras und Wald. Beim Bergauffahren trainierst du Kraft und Ausdauer. Beim Bergabfahren saust du rasant von der Spitze eines Berges hinunter ins Tal, was Nerven und Geschick erfordert und nichts für zaghafte Gemüter ist.

Mountainbiken kann hart sein, aber es ist ein hervorragendes Training. Es stärkt Herz und Kreislauf, kräftigt Arme, Beine und Oberkörper, verbessert die Lungenleistung, fördert die Verdauung und sorgt zudem für bessere Reflexe. Viele Biker betreiben den Sport auch zur Förderung ihres Wohlbefindens und als Stimmungsaufheller. Es ist ein Sport, der allein oder in der Gruppe betrieben werden kann, aber selbst, wenn du solo fährst, kann es eine hervorragende Möglichkeit sein, Bekanntschaften zu schließen, da du garantiert anderen Bikern begegnest, die die Liebe zum Radsport verbindet. Für den Anfang kannst du in Mountainbike-Zentren Räder und Ausrüstung mieten und Fachleute um Rat fragen, welche Art von Route du einschlagen solltest.

*Seine höchsten Freuden findet der Mensch
im prickelnden Reiz grandioser Abenteuer,
im Siegen und im kreativen Handeln.*

ANTOINE DE SAINT-EXUPÉRY

Schätze des Berges: Vogelbeeren

Die Vogelbeere (oder Eberesche) ist ein zierlicher Baum, den man selbst noch in höheren Lagen findet. Er trägt kleine weiße Blüten im Frühling und Büschel rot-orangefarbener Beeren im Frühherbst. Vogelbeerbäume sind winterhart und können, unter den richtigen Umständen, bis zu 200 Jahre alt werden.

Die Beeren sind erst nach dem Kochen essbar. Sie werden oft verwendet, um Gelees und Marmeladen als Zutat für andere Gerichte oder zum Aromatisieren von Getränken herzustellen. Vogelbeeren sind reich an Vitamin C und werden auch in traditionellen Kräuterheilmitteln verwendet, insbesondere als Hilfe bei Verdauungsstörungen und zum Lindern von Atemwegbeschwerden. Zum Ernten schneid Büschel reifer Beeren vom Baum und verstau sie für den Heimweg in einem atmungsaktiven Beutel. Bedenk beim Sammeln, dass die Beeren eine wichtige Nahrungsquelle für Vögel sind; es ist in Ordnung, ein paar Beeren mit nach Hause zu nehmen, man sollte die Gebirgs-Fauna aber nicht all ihrer Nahrung berauben.

VOGELBEERGELEE

Ergibt 1 kleines Glas

ZUTATEN

150 g reife Vogelbeeren
2 feste Äpfel
etwa 300 g Zucker
¼ TL Salz

ZUBEREITUNG

Am Vortag die Vogelbeeren waschen und von den Stielen befreien, dann über Nacht einfrieren, um den sauren Geschmack zu mildern.

Die Äpfel schälen, vom Kerngehäuse befreien, in Stücke schneiden und zusammen mit den gefrorenen Vogelbeeren in einen großen Topf geben. Die Früchte mit kaltem Wasser bedecken. Zum Kochen bringen und dann sanft köcheln lassen, bis die Früchte weich sind – dies dauert in der Regel etwa 30–40 Minuten.

Die Vogelbeeren durch ein Sieb in einen Messbecher passieren, um Kerne und Haut der Früchte vom Gelee zu trennen.

Die Menge des passierten Gelees abmessen und mit der gleichen Menge Zucker in einen großen Topf geben. Dann das Salz dazugeben.

Bei mittlerer Temperatur unter Umrühren erhitzen, bis sich der Zucker aufgelöst hat, dann alles ein paar Minuten kochen lassen. Der Zucker sollte nun anfangen zu karamellisieren.

Mit einem kleinen Löffel ein wenig Gelee auf einen kalten Teller oder eine kalte Fläche geben, um zu testen, ob es fertig ist. Einen Moment abkühlen lassen, dann mit dem Löffelrücken eindrücken. Wenn das Gelee fest geworden ist oder Falten wirft, ist es fertig.

Das Vogelbeergelee in ein sterilisiertes Weckglas umfüllen und zu gebratenem Fleisch servieren. Bis zu zwei Monate im Kühlschrank lagern.

Schätze des Berges: Heidelbeeren

Heidelbeeren – auch als eurasische Heidelbeeren oder Moosbeeren bekannt – sind kleine, dunkelblaue Beeren, die bis in hohen Lagen auf kleinen, drahtigen Sträuchern wachsen. Es sei dir verziehen, wenn du sie mit der Kulturheidelbeere verwechselst, aber die beiden Arten sind verschieden. Während Kulturheidelbeeren innen hellgrün sind, haben Wildheidelbeeren tiefblau-violett gefärbtes Fruchtfleisch und sind viel aromatischer.

Heidelbeeren haben einen säuerlichen Geschmack, und obwohl sie pur gegessen werden können, schmecken sie gekocht besonders lecker – in Marmeladen, Pasteten, Saucen und Kuchen. Aufgrund ihrer Vorteile für die Gesundheit gelten sie auch als Superfood. Heidelbeeren sind von Natur aus reich an Anthocyanen, Pflanzenfarbstoffen, die leistungsstarke Antioxidantien sind und das Sehvermögen in der Dunkelheit stärken können. Die Nährstoffe der Heidelbeere können den Kreislauf stabilisieren und dabei helfen, die Blutzuckerwerte zu regulieren.

Wenn du Heidelbeeren sammeln willst, kannst du sie im Spätsommer und Frühherbst finden. Das Pflücken der kleinen Beeren nimmt einige Zeit in Anspruch, aber ihr aromatischer, frischer Geschmack und ihre einzigartigen, der Gesundheit dienlichen Eigenschaften sind die Mühe wert.

HEIDELBEER-MUFFINS

Ergibt 8-10 Stück

ZUTATEN

- 100 g Butter
- 150 g extrafeiner Zucker
- 2 Eier
- Schale von 1 Bio-Zitrone, frisch abgerieben
- 1 TL Vanilleessenz
- 100 ml Milch
- 280 g Mehl
- 2 TL Backpulver
- 1 Prise Salz
- 100 g Heidelbeeren, gewaschen

ZUBEREITUNG

Den Backofen auf 160 °C/Gasherd Stufe 3 vorheizen und ein Muffin-Backblech mit Papierförmchen bestücken.

Butter und Zucker in einer großen Schüssel mit dem Rührgerät verrühren, bis die Mischung leicht und fluffig ist. Dann Ei, Zitronenabrieb und Vanille gut untermischen. Dann sorgfältig die Milch unterrühren.

In eine weitere Schüssel Mehl, Backpulver sowie Salz sieben und verrühren. Mit einem Metalllöffel unter die Butter-Milch-Mischung heben. Dann behutsam die Heidelbeeren unterheben.

Den Teig auf die Muffin-Formen verteilen und 25–35 Minuten backen, bis er goldfarben ist und bei der Garprobe ein Spieß, den man hineinpikst, sauber wieder herauskommt. Aus der Backform nehmen und auf einem Kuchenrost abkühlen lassen. Bis zu 1 Woche in einem luftdichten Behälter aufbewahren.

BE UNCONVENTIONAL

MEERE & KÜSTEN

Der Ozean ist eine Schatztruhe voller Wunder, die entdeckt und erforscht werden will, voller Tiefseegeheimnisse und vor Leben überbordend. Ob wir das Meer von der Spitze einer stürmischen Klippe, im Schutz einer sandigen Bucht oder auf einem Surfbrett balancierend erleben – es hat die Kraft, uns zu inspirieren, zu erfrischen und zu erneuern.

SANDSKULPTUREN

Wenn du an deine Kindheit zurückdenkst, sind wahrscheinlich ein paar glückliche Strandausflüge mit dabei. Es macht Spaß, einen Eimer bis zum Rand mit feinem Sand zu füllen, über Kopf zu drehen und gespannt den Atem anzuhalten, wenn der Eimer abgezogen und ein Sandturm mit akkuraten Seiten enthüllt wird.

Stell beim nächsten Strandbesuch deine Spiele der Kindheit nach und gönn dir die einfache Freude, eine Sandburg zu bauen. Oder, wenn du eine größere Herausforderung suchst: Wie wäre es mit dem Gestalten einer Sandskulptur? Das Formen solcher Skulpturen ist Sandburgenbau auf höchstem Niveau. Statt mit einem Eimer formst du deine Kreation nach Lust und Laune: abstrakte Gebilde, Paläste, Tiere – das bleibt ganz deiner Fantasie überlassen. Beim Spiel mit dem Sand kannst du Sauberkeit und Perfektion hinter dir lassen und darin schwelgen, deine Hände (und wahrscheinlich auch alles andere) voll und ganz mit Sand zu beschmutzen! Es gibt keinen vergleichbaren Weg zum puren Glück, das aus der Begegnung mit deiner Kreativität und deiner Umwelt entsteht.

TIPPS FÜR DAS FORMEN VON SANDSKULPTUREN

> Die beste Art von Sand zum Skulpturenbauen hat feine Körner, die sich fest verdichten lassen. Wenn sich der Sand beim darauf Gehen fest anfühlt, ist er wahrscheinlich gut geeignet.

> Wähl deinen Platz weise – bau oberhalb der Flutkante, damit deine Skulptur nicht weggespült wird! Du kannst diese Linie anhand von Seetang, Muscheln und Schwemmgut erkennen, die sich streifenförmig dort abgelagert haben, wo die letzte Flut ihren Höchststand hatte.

> Der Schlüssel zum Bau großartiger Skulpturen ist feuchter Sand (stell dir die Konsistenz nassen Zements vor). Nimm einige Eimer Meerwasser und benetze damit den Sand, den du benutzen willst.

> Stell sicher, dass dein Sand verdichtet ist. Schaufel ein paar Spaten feuchten Sandes zu einem Hügel auf und verdichte ihn, so fest du kannst. Sobald das Wasser im Sand abgelaufen ist, bleibt dir eine solide Grundform, die du dann nach Wunsch zurechtschnitzen kannst.

> Du kannst die Skulptur mit deinen Händen formen oder mit Werkzeugen feinere Details hinzufügen oder herausschneiden und -schaben. Spachtel oder Plastikmesser sind hierfür gut geeignet, aber du kannst alles Mögliche benutzen – auch Treibholzstücke, die du am Strand findest.

> Erstell zunächst die grobe Grundform, bevor du beginnst, kleinere Details auszuarbeiten.

> Beginn das Schnitzen deiner Sandskulptur oben und arbeite dich nach unten vor. Während du schnitzt, wird Sand abfallen; wenn du also von oben nach unten arbeitest, fällt kein Sand auf Stellen, die du bereits fertiggestellt hast.

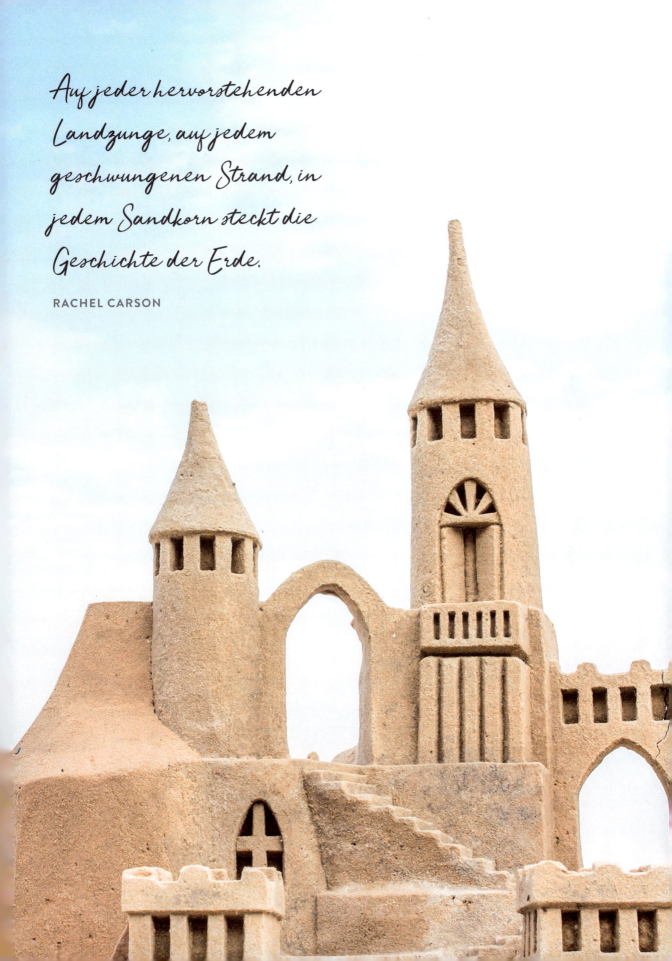

Auf jeder hervorstehenden Landzunge, auf jedem geschwungenen Strand, in jedem Sandkorn steckt die Geschichte der Erde.

RACHEL CARSON

ROCK-POOLING

>>> ———————→

Du musst nicht im offenen Meer abtauchen oder ein Aquarium besuchen, um das Unterwasserreich unserer Erde zu erkunden. »Rock-Pools« bieten einen kleinen Einblick in die Geheimnisse der Unterwasserwelt – ein Mikrokosmos des Meeresbodens, den man trockenen Fußes an der frischen Seeluft genießen kann. Diese auch als Gezeitentümpel bekannten Salzwasserlachen befinden sich an felsigen Küstenabschnitten auf der ganzen Welt. Sie zeigen sich nur bei Ebbe, wenn sich das Meer zurückgezogen hat. Mit ihren einzigartigen Ökosystemen und der großen Anpassungsfähigkeit der in ihnen lebenden Kreaturen haben sie Meeresbiologen lange in ihren Bann gezogen – die in Rock-Pools lebenden Kreaturen müssen Sonne und Wind, Niedrigwasser, hohem Wellengang sowie Fressfeinden bei Ebbe trotzen. Wenn sich die Gezeitentümpel am Ufer zeigen, bilden sie faszinierende Orte, an denen sich bequem eine große Artenvielfalt beobachten lässt.

TIPPS IN SACHEN ROCK-POOLING

> Die beste Zeit zum Rock-Pooling ist bei Ebbe an einem ruhigen Tag, wenn der Gezeitentümpel nicht durch Wind und Regen aufgewühlt wird und das Wasser klar ist. Prüf daher die Gezeitentabelle, bevor du dich auf den Weg machst.

> Die interessantesten Rock-Pooling-Locations – jene mit dem zahlreichsten sichtbaren maritimen Lebewesen – sind die Tümpel direkt am Rande des Meeres. Tümpel weiter oberhalb am Strand enthalten häufig eine Mischung aus See- und Süßwasser und sind somit nicht sonderlich geeignet für maritime Lebewesen.

> Robustes Schuhwerk mit rutschfestem Profil ist ein Muss beim Rock-Pooling, da die nassen Felsen in der Regel glitschig sind.

> Bring einen transparenten Eimer oder Plastikbehälter mit, wenn du einen genaueren Blick auf die maritimen Lebewesen werfen willst (verwende keinen Kescher, da dies Schaden anrichten kann). Tauch deinen Behälter vorsichtig in den Tümpel und lass ihn unter Wasser, bis etwas hineinschwimmt. Nimm den Behälter aus dem Wasser, bewundere deinen Fang kurz und gib ihn gleich wieder dorthin zurück, wo du ihn gefunden hast.

> Wenn du auf den ersten Blick nichts im Tümpel entdecken kannst, heißt das noch lange nicht, dass sich nichts darin befindet. Sieh nach, ob es im Sand am Boden des Tümpels Spuren gibt – das könnte darauf hinweisen, dass sich etwas gleich unter der Oberfläche versteckt. Meerestiere bevorzugen auch eher die schattigeren, geschützteren Stellen; hab also keine Angst, Steine und Seetang zu bewegen, um zu sehen, ob darunter etwas lebt. Solange du behutsam vorgehst und alles wieder zurücklegst, richtest du keinen Schaden an.

MEERE & KÜSTEN

Es ist empfehlenswert, den Blick
vom Gezeitentümpel zu den Sternen schweifen
zu lassen und dann wieder zurück.

JOHN STEINBECK

LIVE FREE

Grillen am Strand

Grillen am Strand ist Dinieren »al fresco« vom Feinsten, eine Kombination von gemütlichem Komfort mit dem Genuss unter freiem Himmel. Nichts ist schöner als das simple Vergnügen, einen langen Nachmittag am Strand zu verbringen, mit der Sonne im Gesicht, dem Sand zwischen den Zehen, dem Rauschen der Brandung, dem leckeren Duft gegrillter Köstlichkeiten in der frischen Meeresbrise – und nichts anderem zu tun, als nach Lust und Laune die Seele baumeln zu lassen.

Spiel mit Freunden im Sand, während das Essen brutzelt, plaudert und schwelgt in netten Anekdoten, oder sitzt einfach da und blickt gemeinsam aufs Meer hinaus. Das ehrfurchtsvolle Gefühl, das wir beim Betrachten des Ozeans empfinden, veranlasst unser Gehirn, Chemikalien auszuschütten, sodass wir uns mit dem Universum verbunden fühlen. Wir empfinden durch sie auch ein tieferes Gefühl der Verbundenheit mit den Menschen um uns herum, sodass das Teilen dieses Augenblicks mit Freunden euren Bund stärkt.

TIPPS IN SACHEN GRILLEN

> An manchen Stränden gibt es Einschränkungen, wann und wo man grillen darf; prüft also die Vorschriften, bevor ihr loszieht.

> Verwendet einen Einweggrill oder einen tragbaren, wiederverwendbaren Grill.

> Verwahrt rohes Grillgut in einem Kühlbehälter und bringt ein oder zwei Müllbeutel mit, um am Ende das Aufräumen zu vereinfachen.

> Ordnet Holzkohle so auf dem Grill an, dass verschiedene Wärmebereiche entstehen. Dünneres Grillgut, wie etwa Schinkenspeck, kann bei höherer Temperatur gegrillt werden (d. h. direkt über der Kohle), und Dinge, die länger brauchen, können schonender bei indirekter Hitze zubereitet werden (also mit wenig oder gar keiner Glut darunter).

> Löscht die Grillkohle sorgsam und vorsichtig. Gießt viel Wasser und Sand auf die Kohle, um jegliche verbliebene Glut zu löschen. Dann lasst alles vollständig abkühlen, bevor ihr den Grill bewegt – das kann ein paar Stunden dauern. Auch nach dem Abbau des Grills setzt keinen Fuß auf den Sand darunter, da dieser noch heiß sein und zu Verbrennungen führen könnte.

FÄCHERKARTOFFELN

Ergibt 4 Portionen

ZUTATEN

4 mittelgroße Kartoffeln
etwas Butter oder Olivenöl
Pfeffer
8 Knoblauchzehen (4 davon am Stück, 4 davon in sehr dünne Scheiben geschnitten)
1 Zwiebel, in dünne Scheiben geschnitten
Käse, gerieben (optional)
Kräuter, wie etwa Thymian oder Rosmarin (optional)
Salz

ZUBEREITUNG

Mit einer Gabel Löcher in die Pelle jeder Kartoffel piksen. Dann jede Kartoffel bis leicht über die Hälfte schlitzartig quer einschneiden.

Jede Kartoffel einzeln mit Olivenöl einreiben, pfeffern und auf ein Stück Alufolie legen. In die Mitte jeder Kartoffel je eine ganze (geschälte) Knoblauchzehe stecken und je eine in Scheiben geschnittene Knoblauchzehe in die anderen Schlitze. Die Zwiebelscheiben ebenfalls in die Schlitze stecken, dann etwas Olivenöl über jeden Schlitz träufeln oder kleine Kleckse Butter darauf geben.

Jede Kartoffel fest in der Alufolie einwickeln und für etwa 1 Stunde auf den heißen Kohlen garen, bis die Kartoffeln weich sind. Mit etwas Salz bestreuen, optional mit Käse sowie Kräutern garnieren und genießen.

KAJAKFAHREN AUF DEM MEER

Ein Kajak mag klein sein, aber in seinem minimalen Design stecken Tausende Jahre Geschichte und Handwerkskunst. Erstmals von den Inuit und Alëuten vor über 4000 Jahren verwendet, kommen Kajaks noch heute zum Einsatz – schmale Boote für ein oder zwei Personen, in denen man auf Flüssen, Seen und dem Meer paddeln kann. Obwohl sie klein sind, sind sie wendig und robust, was Kajakfahrern bereits das Zurücklegen unglaublicher Entfernungen ermöglicht hat – eine der längsten jemals verzeichneten Kajakfahrten war eine über 80 000 Kilometer lange Paddeltour von Deutschland nach Australien, die zwischen 1932 und 1939 siebeneinhalb Jahre dauerte.

Kajakfahren bringt dich dem Wasser näher als vermutlich jede andere Sportart, abgesehen vom Schwimmen. Dicht über dem Wasserspiegel sitzend gleitest du durch die Fluten und spürst das Auf und Ab jeder Welle. Wenn du an einem windstillen Tag paddelst, draußen auf offener See, hast du die einzigartige Gelegenheit, die Szenerie zu genießen und die maritime Flora und Fauna zu beobachten. Und wenn das Wasser etwas unruhiger wird, kann das Kajakfahren auf dem Meer zu einem intensiven Training für Arme und Bauchmuskeln werden, was deiner Fitness zugutekommt.

Welche Bedingungen auch immer herrschen – tiefe Atemzüge an frischer Seeluft sind Balsam für deinen Körper und dein Wohlbefinden. Die salzige Luft hilft, deine Lungen zu reinigen, und sie ist reich an negativ geladenen Ionen. Diese können schädliche freie Radikale (positive Ionen) neutralisieren, die im Körper auftreten, was deine Zellen gesund erhält, sie können außerdem zu einer Erhöhung des Serotoninspiegels (des Glückshormons) beitragen, deine Laune verbessern und für mehr Ausgeglichenheit sorgen.

Wenn dir danach ist, im Kajak in See zu stechen, dann gibt es viele Organisationen, die Kurse und Touren sowohl für Anfänger als auch für Fortgeschrittene anbieten.

Der Ozean bewegt das Herz, erweckt die Vorstellungskraft und schenkt der Seele ewige Freude.

ROBERT WYLAND

SEGELN AUF DEM MEER

Die Kraft der Natur ist selten offensichtlicher als beim Segeln auf dem Meer, den Wind in deinem Haar und die rund um die Jolle spritzende Gischt im Gesicht. Wenn du segelst, spürst du die Kraft der Natur direkt in deinen Händen, und mit nur einem Zug an den Leinen und leichtem Druck am Ruder kannst du die Energie des Windes nutzen und berauschende Geschwindigkeiten erzielen.

Natürlich sind längst nicht alle Segeltouren rasant und aufregende Adrenalinkicks – Segeln kann auch ein äußerst beruhigender Zeitvertreib sein. Ein gemütlicher Segeltörn über glatte See kann ebenso lohnenswert sein wie eine Hochgeschwindigkeitsfahrt bei starkem Seegang. Wenn das Meer ruhig ist, kann das Dahingleiten beinahe meditativ sein, nahezu geräuschlos, nur durchbrochen vom sanften Knirschen des Rumpfes, dem Bauschen des Segels, dem sanften Platschen der Wellen am Boot, dem Ruf der Möwen und den Klängen des Ufers in der Ferne.

Die Freude am Segeln kann jeder genießen, unabhängig von den jeweiligen Fähigkeiten. Wenn du nach einer Möglichkeit suchst, um anzufangen: Zahlreiche Klubs und Segelschulen bieten sowohl Schnupper-, Anfänger- als auch Intensivkurse an. Wenn du also noch nie ein Segel gesetzt hast, gibt es viele gute Gelegenheiten, um in See zu stechen.

Also Leinen los. Segle aus dem sicheren Hafen. Fang die Passatwinde in deinen Segeln. Erkunde. Träume. Entdecke.

SARAH FRANCES BROWN

COASTEERING

»Coasteering«, auf Deutsch Klippen-Quer-Klettern, ist Abenteuer pur und eine der intensivsten Arten, die Küste auf sportliche Art zu erkunden. Im Grunde genommen ist es ein natürlicher Hindernisparcours entlang eines Küstenabschnitts, bei dem jede Art von Gelände bewältigt wird, seien es Felsen, Wasser, Steilklippen oder Höhlen.

Im Vergleich zu Aktivitäten wie Segeln oder Kajakfahren, die Jahrtausende alt sind, ist Coasteering relativ neu. Soweit bekannt ist, wurde der Begriff erstmals 1973 verwendet, und in den 1990er-Jahren wurde das Klippen-Quer-Klettern insbesondere in Großbritannien immer beliebter, dessen felsige Küsten ideal für diese Fun-Sportart sind. Mittlerweile gibt es Hunderte von Abenteuerzentren, die diese Aktivität anbieten. Es ist nicht schwer zu erkennen, warum sie so beliebt ist: Als Mischung aus Schwimmen, Klettern, Wandern, Kraxeln und Klippenspringen ist Coasteering zu gleichen Teilen aufregend, herausfordernd und anregend, und es ist eine neue Art und Weise, die Küste mit allen Sinnen zu erleben.

Da Coasteering eine den ganzen Körper fordernde Aktivität ist, wird es deine Fitness, Stärke und Ausdauer auf die Probe stellen. Mit verschiedenen Routen mit unterschiedlichen Schwierigkeitsgraden, abhängig von den jeweiligen Fähigkeiten, ist aber für jeden etwas dabei. Der Sport ist nicht ohne Risiken und sollte nicht ohne ordentliche Ausrüstung ausgeübt werden, darunter Tauchanzug, Schuhe mit sehr griffigem Profil, Schwimmweste und Helm. Außerdem benötigst du gute Kenntnisse über das Gelände und die Gezeiten des jeweiligen Küstenbereichs. Wenn du mit einer Abenteuerorganisation losziehst (sehr empfehlenswert), wird diese die Ausrüstung stellen, um deine Sicherheit zu gewährleisten, sodass du den Kopf frei hast, um dich in das beste Abenteuer deines Lebens zu stürzen.

WELLENREITEN

Wellenreiten, auch Surfen genannt, ist eine der kultigsten Wassersportarten aller Zeiten und aus gutem Grund in aller Welt beliebt: Das Hochgefühl, das einen überkommt, wenn man eine perfekte Welle erwischt, ist einfach unvergleichlich.

Bei den besten Wellenreitern sieht es geradezu mühelos aus, aber der Sport erfordert sowohl Kraft (insbesondere im Oberkörper) als auch Gleichgewichtssinn. Wellenreiten erfordert Einsatz und Geduld, und die wenigen auf der Welle verbrachten Sekunden wirken wie eine nur kleine Entlohnung für die insgesamt im Wasser verbrachte Zeit. Aber jeder Surfer wird dir versichern, dass es die Mühe wert ist. Wenn du auf dem Wellenkamm reitest, bist du absolut im Hier und Jetzt. Für ein paar Sekunden gilt deine ganze Aufmerksamkeit dem Wasser und du bist eins mit dem Ozean, während du oben auf der Welle auf den Strand zugleitest – Balance, Stärke, Timing und Geduld vereinen sich in dem einen Moment, um ein Gefühl absoluter Freude zu kreieren. Es ist berauschend und aufregend, und wenn du es einmal geschafft hast, wirst du es immer wieder tun wollen.

Wenn du noch nie auf einem Board gestanden hast, nimm ein oder zwei Unterrichtsstunden und lern, wie man die Wellen wie ein Profi liest und abpasst. Professioneller Rat sorgt nicht nur dafür, dass du sicher surfst, sondern auch dafür, dass deine Fähigkeiten viel schneller wachsen.

Surf-Knigge

In der Surfing-Community gibt es keinen Schiedsrichter, aber einen strengen Verhaltenskodex. Die Kenntnis der Surfregeln wird dich vor Peinlichkeiten schützen und die Sicherheit von dir und deinen Surfkollegen gewährleisten.

> Hab dein Board fest im Griff: Auch wenn du eine Leine hast, lass dein Board niemals los, denn wenn es davonschlüpft, könnte es andere Menschen im Wasser verletzen.

> Halt dich an Wellen, die du meistern kannst: Bleib am Anfang in seichterem Wasser und verschiebe Versuche mit größeren Wellen auf später, wenn du dich sicherer fühlst. Auf diese Weise erwischst du mehr Wellen und du kommst fortgeschritteneren Surfern weniger in die Quere.

> Behalt den Überblick: Achte auf andere Personen im oder auf dem Wasser und stell sicher, dass deine Route frei ist, bevor du dir eine Welle schnappst. Denk auch an die Leute hinter dir.

> Üb dich in Geduld: Beim Hinauspaddeln zu einer Welle paddle um den Wellenberg herum, anstatt durch ihn hindurch, um andere Surfer zu meiden und dich nicht vorzudrängeln. Mit anderen Worten: Versuch nicht, andere zu überholen und eine Welle zu erwischen, auf der schon jemand reitet. Das ist nicht nur unhöflich, sondern auch gefährlich.

WINDSURFEN

Der Spaß am Surfen und die Technik des Segelns vereinen sich bei dieser aufregenden Wassersportart. Wie beim Surfen balanciert der Sportler auf einem leichten Board und wie beim Segeln wird das Fahrzeug durch das Ausrichten eines Segels in Bewegung versetzt. Der Unterschied zu beidem besteht allerdings in der Wendigkeit und dem geringen Gewicht von Board und Segel, was Elemente des Freistils ermöglicht, sodass erfahrene Windsurfer Sprünge, Drehungen und Loopings durchführen können. Mit nichts außer dem Brausen des Windes und der Brandung in deinen Ohren flitzt du über das Wasser und genießt eine aufregende Auszeit vom Alltag.

Gleichgewichtssinn und eine starke Mitte sind die entscheidenden Voraussetzungen, die du für diesen Sport benötigst, und eine Stunde auf dem Board ist ein fabelhaftes Ganzkörpertraining. Dank der Aufregung des Augenblicks und des Drangs, die nächste Windböe gut mit deinem Segel zu erwischen, bemerkst du kaum, welch effektives Training die Sache ist. Zeit auf dem Meer zu verbringen hat auch viele gesundheitliche Vorteile: Das an Salz und Magnesium reiche Meerwasser kann deinem Körper bei der Heilung helfen, es hält Muskeln und Blut gesund und wirkt sich positiv auf den Stoffwechsel aus.

Falls du noch unerfahren bist und kein eigenes Board besitzt, erwäge ein paar Unterrichtsstunden, um dich in der Sportart auszuprobieren. Obwohl Windsurfen als Extremsport eingestuft wird, wird es erst dann richtig hart, wenn du ein bestimmtes Niveau erreicht hast – der Anfang ist relativ einfach, was ideal für diejenigen ist, die sich einen Adrenalinkick ohne zu viel Risiko wünschen. Sobald du die Faszination des Windsurfens einmal kennengelernt hast, wirst du es nicht mehr missen wollen.

LEBE IM SONNENSCHEIN, SCHWIMM IM MEER, TRINK DIE HEILKRAFT DER WILDEN LUFT.

RALPH WALDO EMERSON

MUSCHELN SAMMELN

Wenn du am Strand eine schöne Muschel entdeckst und den Drang verspürst, sie aufzuheben, zu bewundern und mitzunehmen, dann geht es dir damit wie Tausenden Generationen von Menschen vor dir. Im Laufe der Geschichte und in allen Teilen der Welt haben die Leute immer Muscheln gesammelt. Muscheln gehören zu den faszinierendsten und mysteriösesten Schätzen der Natur – sie sind die Juwelen des Meeres. Jede Muschelschale, die du am Strand siehst, gehörte einmal zu einem Lebewesen. Ihr früherer Bewohner, wie etwa wie eine Meeresschnecke, kann verstorben sein oder das Gehäuse abgelegt haben, als es ihm zu klein wurde, wie etwa ein Einsiedlerkrebs. Der Meeresboden ist mit diesen schönen Hinterlassenschaften übersät, und wenn sie ans Ufer geschwemmt werden, können wir uns an ihnen erfreuen. Aufgrund ihrer Schönheit fanden Muscheln in Schmuck, Kunst und in manchen westafrikanischen Kulturen sogar als eine Art Währung Verwendung. Die Stärke und die vielfältigen Formen der Muscheln führten zu ihrer Verwendung als Werkzeuge und Gebrauchsgegenstände, wie etwa Klingen, Gefäße oder Öllampen.

Such nach dieser Art von Muschelschalen und Schneckenhäusern:

Venusmuschel

Fechterschnecke

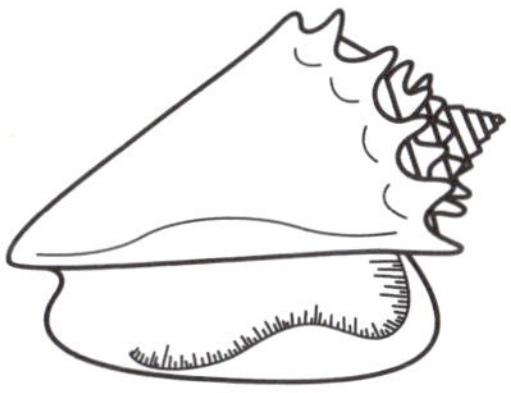

Nadelschnecke

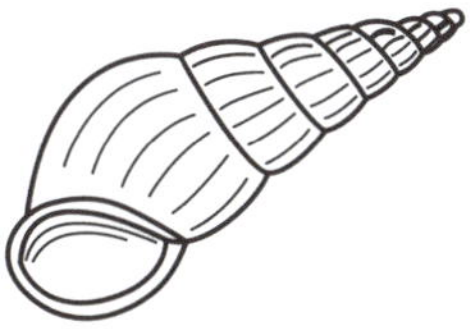

Miesmuschel

Mondmuschel

Herzmuschel

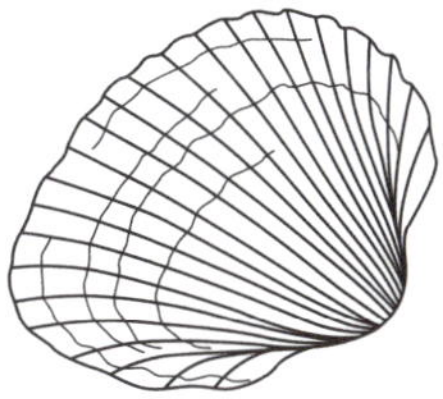

Napfschnecke

Hinweis: So verlockend es auch sein mag, alle Muschelschalen in deinem Blickfeld einzusammeln, ist es wichtig, uns der Auswirkungen unseres Handelns auf das Ökosystem bewusst zu sein. Ein oder zwei Exemplare als Andenken mit nach Hause zu nehmen, wird kaum schaden, aber je mehr Muscheln dem Strand entnommen werden, umso weniger stehen den Pflanzen und Tieren zur Verfügung, die von ihnen abhängig sind. Ein Nachmittag, den man mit dem Suchen und Bestimmen von Muscheln verbringt, ist ebenso vergnüglich wie das Sammeln als Souvenir, und es ist für die Umwelt besser, wenn du sie wieder zurücklegst.

KRABBENSUCHE

In der Familie der Krustentiere finden sich mehr als 44000 verschiedene Spezies, aber eine der vermutlich bekanntesten sind die Krebse, die Strände und Ozeane in der ganzen Welt bevölkern und rund 4500 Arten umfassen. Der kleinste, nur einige Millimeter große Krebs ist die Erbsenkrabbe, der größte die Japanische Riesenkrabbe, die, von den Spitzen ihrer Beine aus gemessen, eine Spannweite von gut vier Metern erreichen kann.

Krustentiere besitzen ein hartes Außenskelett, das beim Häuten abgeworfen wird. Deshalb findest du beim Strandspaziergang oft abgelegte Krebspanzer. Diese sind allein genommen schon faszinierend und vermitteln einen guten Eindruck davon, wie diese erstaunlichen Lebewesen mit den notorischen Scheren aussehen.

Naturforscher, die nicht zimperlich sind, können einen noch abenteuerlicheren Blick auf diese Tiere werfen. Wenn du an einem Sandstrand bist, kannst du nach Strandkrabben suchen – auch Rennkrabben, Reiterkrabben oder Atlantik-Brandungskrebse genannt. Diese im Sand lebende Art wird zwischen 5–7,5 Zentimeter groß und lässt sich oft an der Brandungskante finden. Stell dich in das seichte Wasser der Brandung und buddle ein kleines Loch in den Sand, das tief genug ist, um deine Hand hineinzutauchen. Wenn die nächste Welle kommt und sich das Loch mit Wasser füllt, grab mit deinen Fingern sanft ein bisschen weiter – deine Mühe könnte mit einem Sandkrebs belohnt werden. Wenn sich die Welle zurückzieht, wird der Krebs in deinem winzigen Tümpel festsitzen. Wenn du genauer hinsehen möchtest, grab ihn mit beiden Händen aus dem Sand, ohne ihn dabei zu verletzen. Sobald du ihn bewundert hast, setz ihn wieder ins Meer und sieh zu, wie er sich in den Sand gräbt.

Wenn du größeren Krebsen begegnen möchtest, kannst du mithilfe von Ködern (wie etwa Hähnchenfleisch oder Schinken) an felsigen Küstenabschnitten oder Kaimauern größere Exemplare anlocken. Lass deine Schnur mit dem Köder einfach in das seichte, von Steinen übersäte Wasser hinab und warte, bis etwas anbeißt. Hol die Schnur langsam ein und setz deinen Krebs in einen mit Seetang und kleinen Steinen gefüllten Eimer, um ihn zu bewundern (sorg dafür, dass du ihn anschließend gleich wieder ins Meer entlässt).

So hältst du einen Krebs:

Halt den Krebs zwischen Finger und Daumen unmittelbar hinter dem Scherenansatz fest. So kann er dich nicht kneifen!

SEEVÖGEL BEOBACHTEN

Wenn du an einen Ausflug zum Strand denkst, stellst du dir wahrscheinlich das Geräusch der Wellen vor, die ans Ufer platschen, vielleicht das Klappern und Geklirre der Masten auf den Booten im Hafen und das Kreischen der Seevögel in der Luft.

Am Meer gibt es weltweit fast 350 Seevogelarten. Dank ihrer mit Schwimmhäuten versehenen Füße, die ihnen sowohl an Land als auch im Wasser das Vorankommen ermöglichen, und angesichts ihrer oftmals grandiosen Flugfähigkeiten, mit denen sie sich im Sturzflug ins Wasser und wieder heraus katapultieren, sind sie am Meer leicht zu erkennen – insbesondere der riesige Albatros (mit einer Flügelspannweite von bis zu 3,5 Metern), der ulkig aussehende Papageitaucher und der stattliche Fregattvogel mit seinem hakenförmigen Schnabel und den markanten Schwingen. Sie sind bestens an den maritimen Lebensraum angepasst, mit »eingebauter Sonnenbrille« zum Schutz vor dem blendenden Wasser und speziellen Drüsen zum Filtern des Salzes aus Meerwasser und Fischen.

Du kannst Stunden damit verbringen, diese herrlichen Vögel zu beobachten, die einander umkreisen und aufeinander zuschießen. Schlag nach, welche Art von Seevögeln in deiner Nähe leben – Tölpel, Seeschwalben, Kormorane oder Möwen –, und such nach Orten, an denen sie vermutlich anzutreffen sind. Empfehlenswert ist die Mitnahme eines Fernglases an den Strand, um Flora und Fauna noch detaillierter beobachten zu können.

Wie unpassend ist es, diesen Planeten Erde zu nennen, wenn er doch ganz klar Ozean ist.

ARTHUR C. CLARKE

Schätze des Meeres: Miesmuscheln

Mit ihren tiefblau-schwarzen Schalen sind Miesmuscheln markante Delikatessen in vielen Küstenregionen. Sie sind meist leicht zu finden und reichlich vorhanden; wenn also das Muschelsammeln neu für dich ist, eignen sie sich gut als Anfangsprojekt. Und aufgrund ihres hohen Eisen-, Kalzium- und Omega-3-Gehalts liefern Miesmuscheln einen gesunden Nährstoffschub für deine Blutkörperchen und Knochen.

Miesmuscheln lassen sich am einfachsten an felsigen Ufern finden, aber du kannst auch an Stegen oder sogar an den Rümpfen von Schiffen nach ihnen Ausschau halten. Such nach glänzenden, fest verschlossenen Exemplaren und nimm nur ein paar wenige von der jeweiligen Fundstelle, damit nicht eine ganze Kolonie ausgerottet wird. Meist lassen sich Miesmuschdeln leicht durch Drehen und Ziehen abernten, aber du kannst mit einem Taschenmesser nachhelfen, um fester anhaftende Exemplare abzuschneiden. Den besten Geschmack haben mittelgroße Miesmuscheln.

Du hast wahrscheinlich schon davon gehört, dass das Verspeisen von Miesmuscheln nicht immer ratsam ist. Der Volksmund sagt, sie sollten nur in Monaten mit »r« geerntet werden, also nicht im Mai, Juni, Juli und August – und das ist gar nicht so verkehrt. Während der Sommermonate erhöht sich bei warmem Wetter oft der Bakteriengehalt des Wassers, weshalb das Muschelernten dann nicht so sicher ist. Achte auch darauf, dass dein Sammelgebiet fernab von menschlichen Siedlungen liegt, dass es keinen hohen Gehalt an Wasseralgen aufweist und dass du nicht während der Algenblüte sammelst, wenn bestimmte Arten von Algen, die Gifte produzieren, sich verstärkt in den Muscheln anreichern.

MIESMUSCHELN IM THAI-STIL

2 Portionen

ZUBEREITUNG

Frisch gesammelte Miesmuscheln in eine Schüssel mit kaltem, gesalzenem Wasser legen, sodass sie sich selbst filtern und von Verunreinigungen befreien. Dann die Muscheln unter fließendem Wasser säubern und entbarten. Geöffnete oder beschädigte Exemplare aussortieren und entsorgen.

Zwiebel und Knoblauch in einem großen Topf im Öl bei geringer Temperatur glasig anschwitzen. Zitronengras, Chilischote und Ingwer sowie Kokosmilch, Kokossahne, Koriander (Blätter und Stiele), Fischsauce, Currypaste und Limettenabrieb unterrühren. Die Mischung zum Kochen bringen, dann die Miesmuscheln hinzufügen, den Deckel auflegen und alles etwa 5 Minuten kochen lassen, bis sich die Muscheln geöffnet haben. Vom Herd nehmen und alle Exemplare, die sich nicht geöffnet haben, aussortieren und entsorgen.

Mit dem Limettensaft beträufeln und mit etwas frischem Koriander sowie Frühlingszwiebel garniert servieren.

ZUTATEN

1 kg Miesmuscheln
1 kleine weiße Zwiebel, gehackt
2 Knoblauchzehen, gehackt
1 EL Olivenöl
1 Stängel Zitronengras, von den holzigen Außenschichten befreit und fein gehackt
1 rote Chilischote, fein gehackt
3 cm Ingwer, frisch gerieben
200 ml Kokosnussmilch
40 ml Kokosnusssahne
½ Bund frischer Koriander, plus etwas extra zum Garnieren
1 TL Fischsauce
½ EL grüne Thai-Currypaste
Schale und Saft von 1 Bio-Limette, frisch abgerieben und ausgepresst
1 Frühlingszwiebel, in feine Röllchen geschnitten

Schätze des Meeres: Algen

Laver ist eine Art von Seetang, die in kaltem, seichtem Meerwasser wächst. In der ganzen Welt werden verschiedene Arten von Algen verzehrt, darunter in Japan etwa Nori-Algen, die unter anderem zum Einwickeln von Sushi verwendet oder als Salat zubereitet werden. Essbare Algen sind eine wunderbare, den Geschmack verstärkende Zutat, die sehr gut zu den meisten auf Gemüse basierenden Gerichten passt und ihnen eine delikate, herzhafte Note verleiht. Aufgrund ihrer im Ozean verbrachten Zeit haben Algen einen hohen Mineralstoffgehalt, was bedeutet, dass mit ihnen viele Vorteile für die Gesundheit verbunden sind. Insbesondere Laver hat einen hohen Gehalt an Kalzium, Eisen und Vitamin B12, womit er ideal für die Förderung gesunder Blutkörperchen ist. Wie viele andere Algengarten ist Laver auch eine gute Quelle für Jod, das unter anderem zur Aufrechterhaltung eines gesunden Stoffwechsels beiträgt. Laver ist zwischen November und Mai im Überfluss zu haben und findet sich auf freiliegenden Felsen im mittleren Tidebereich. Zum Abernten schneid lieber Stücke der Blätter ab, anstatt ganze Blätter aus dem Gestein zu ziehen, da die Pflanze dann viel schneller nachwachsen und sich regenerieren kann. Lagere den Laver bis zu deiner Heimkehr in einem Eimer oder Plastikbehälter voll Meerwasser.

BRATREIS MIT GERÖSTETEM SEETANG

4 Portionen

ZUTATEN

50 g Laver (oder andere essbare Algen)
1 EL Sesamöl
1 große Zwiebel, in Ringe geschnitten
80 g Erbsen
2 rote Paprika, gewürfelt
3 Knoblauchzehen, zerdrückt
300 g Vollkornreis, gegart
2 EL dunkle Sojasauce
1 Ei, verquirlt
Sesamsamen (optional)

ZUBEREITUNG

Den Seetang gründlich waschen, dann in einen großen Topf geben, mit Wasser bedecken und bei geringer Temperatur abgedeckt 6 Stunden kochen. Regelmäßig in den Topf sehen, um bei Bedarf Wasser nachzugießen.

Den Seetang durch ein Sieb abgießen und die Feuchtigkeit herauspressen (die Kochflüssigkeit wenn gewünscht aufbewahren, da sie sich ideal als Basis für Suppen und Eintöpfe eignet).

Den Backofen auf 200 °C/Gasherd Stufe 6 vorheizen. Den Seetang auf ein Backblech geben und im Ofen etwa 5 Minuten rösten, bis er sich knusprig anfühlt. Aus dem Ofen nehmen, in kleine Stücke brechen und beiseitelegen.

Einen Wok (oder eine große Bratpfanne) erhitzen und das Öl hineingeben. Sobald es heiß ist, Zwiebel, Erbsen, Paprika, Knoblauch und 1 EL der Sojasauce unterrühren. Alles bei hoher Temperatur etwa 4 Minuten unter ständigem Umrühren anbraten.

Den gegarten Reis sowie den Seetang dazugeben und 1 weitere Minute mitanbraten. Das Gemüse an den Rand des Wok schaben, um in der Mitte Platz zu schaffen, dann das verquirlte Ei in die Mitte des Wok gießen. Sobald das Ei fast gestockt ist, es mit dem Gemüse-Reis verrühren. Dann die restliche Sojasauce unterrühren.

Nach Belieben abschmecken und sofort servieren, optional jede Portion mit Sesam bestreuen.

the voice OF THE SEA SPEAKS TO THE soul

SEEN & FLÜSSE

Seen können groß wie Meere sein oder klein und einem Teich ähnlich; Flüsse können langsam durch sanfte Täler mäandern oder als Wildwasser brausend durch Schluchten stürzen. Seit Urzeiten haben Flüsse und Seen jeden Aspekt des menschlichen Lebens beeinflusst und noch heute ist unsere Zivilisation um sie herum aufgebaut. Wenn wir die Stadt verlassen, haben wir die Gelegenheit, sie als die Wunder wahrzunehmen, die sie sind.

FLOSSBAU

Ob du deine handwerklichen Fähigkeiten austesten oder deinen furchtlosen inneren Entdecker in Aktion treten lassen möchtest – der Floßbau garantiert einen spaßigen Nachmittag und eine gemütliche Paddeltour auf dem See oder Fluss.

Obwohl das Floß eines der einfachsten Wasserfahrzeuge ist, die es gibt, erfordert es Geschick und Kenntnisse, ein Floß zu bauen, das seetüchtig ist (oder zumindest See-tüchtig!). Moderne Flöße sind oft aufblasbar und werden aus unterschiedlichsten Materialien oder Kunststoffen hergestellt, oder sie werden mit Luftkissen versehen, die sie über Wasser halten. Die ersten Flöße wurden allerdings aus Schilfbündeln, Holz oder Bambus gebaut – und auf dieser simplen Ausführung basiert das hier abgebildete Modell.

TIPPS IN SACHEN FLOSSBAU

> Zuerst musst du Bambusrohre oder Holzstämme zusammentragen und dir ein langes Seil beschaffen. Die Größe deines Floßes hängt natürlich von der Größe und Anzahl der Stämme ab, aber keine Sorge – selbst ein Mini-Floß schwimmt (dann kann es allerdings nur ein Blatt als Passagier aufnehmen und nicht dich). Versuch, totes, trockenes Holz zu finden, da dieses besser schwimmt als frisches. Die meisten Holzarten sind brauchbar, vermeide aber nach Möglichkeit poröses Holz. Die Äste oder Stämme sollten gerade sein und etwa die gleiche Größe haben.

> Wenn du dein Floß mehrfach verwenden willst, solltest du es lackieren und trocknen lassen, bevor du es zu Wasser lässt, um zu vermeiden, dass es zu viel Feuchtigkeit aufsaugt und verfault.

> Am besten baust du das Floß in Ufernähe, um das fertige Produkt nicht weit tragen zu müssen, denn es wird schwer sein. Leg deine Stämme nebeneinander und bind ein Ende deines Seiles um das Ende des ersten Stammes, mit einem Knoten gesichert. Benutz dann das Seil, um die Stämme zu verbinden, indem du es mehrere Male um das Ende jedes Stammes und dann zwei Mal um die gesamte Konstruktion wickelst. Sorg dafür, das Seil immer stramm zu ziehen und Knoten zu knüpfen, wo es deiner Ansicht nach gut wäre.

> Leg an jedem Ende des Floßes einen zusätzlichen Stamm quer (im rechten Winkel zu den unteren Stämmen) oben drauf, um die Struktur zu verstärken. Wenn dein Floß sehr lang ist, füge in der Mitte eine dritte Querverstärkung hinzu. Verbinde jede Querverstärkung mithilfe des Seils mit den einzelnen unteren Stämmen und zur zusätzlichen Sicherung über Kreuz, dann sichere das Seil mit Knoten.

> Mach zuerst in einem seichten Gewässer eine Testfahrt, um sicherzugehen, dass dein Floß auch wirklich schwimmt. Schnapp dir einen langen Stock als Ruderstock und los geht's …

ANGELN

Angeln ist etwas Wundervolles, das immer mehr Menschen in seinen Bann zieht. Als Sport hat es aufgrund der stimmungsaufhellenden Wirkung des Sonnenscheins und des Zeitvertreibs in der freien Natur oft etwas Beschauliches – außer es geht einem ein großer Fang vom Haken! –, und die positiven Auswirkungen des Angelns auf die Psyche sind erwiesen. Im Gegensatz zu vielen anderen Outdoor-Aktivitäten, bei denen man seine Fortschritte durch Unterricht beschleunigen kann, gibt es wenig an Technik, das zur Verbesserung deines Angelerlebnisses beisteuern kann. Das Zeitverbringen am Wasser, geduldig auf das sanfte Zucken von Rute oder Schwimmer wartend, ermöglicht eine Auszeit vom modernen Alltag, erlaubt es, zu entschleunigen und zur Ruhe zu kommen.

Bezweifle nicht, dass das Angeln sich als so angenehm erweisen wird wie eine Tugend, eine Belohnung in sich selbst.

IZAAK WALTON

TIPPS IN SACHEN ANGELN

> Wähl das Angelgebiet: Die Wahl des richtigen Ortes ist entscheidend für ein erfüllendes Angelerlebnis: Wenn du an der falschen Stelle angelst, wird nie etwas anbeißen, egal, wie geduldig du bist. Frag im örtlichen Angelladen nach Empfehlungen, da man dort die Umgebung kennt und dir fachmännischen Rat geben kann.

> Wähl die Tageszeit: Fische sind am frühen Morgen oder bei Sonnenuntergang am aktivsten. Mach dich also für die besten Angelergebnisse auf ein paar frühe Morgenstunden oder lange Abende gefasst.

> Beachte die Regeln: An den meisten Seen, Flüssen und Teichen bestehen Regeln, wer wann wo angeln darf. Du benötigst möglicherweise einen Angelschein oder eine Tageskarte, oder vielleicht darfst du nur an bestimmten Orten oder zu bestimmten Zeiten angeln. Achte darauf, dass du mit den Regeln an deinem Angelplatz vertraut bist.

> Nimm den richtigen Köder: Nicht alle Fische mögen dasselbe Futter, achte also darauf, den richtigen Köder zu verwenden. Erkundige dich, welche Art von Fischen in deinem Angelgebiet lebt, um sicherzustellen, dass du die passenden Köder verwendest, um sie anzulocken. Natürliche Köder sind Würmer oder Larven, es gibt aber auch die Option, künstliche Köder zu verwenden.

> Denk wie ein Fisch: Es kann hilfreich sein, deine Angel an schattigen Stellen auszuwerfen und an Orten, an denen sich Unterwasserpflanzen oder Steinhaufen befinden. Fische verstecken sich gern; durch die Suche nach den von ihnen bevorzugten Bereichen und das Ausbringen der Köder an diesen Stellen wird viel eher ein Fisch anbeißen, als wenn du wartest, dass er dir vor die Angelrute schwimmt.

WILDSCHWIMMEN

Wildschwimmen ist im Grunde genommen Baden unter freiem Himmel, und es bietet das gleiche Schwimmvergnügen, das du in deinem örtlichen Freibad genießt, nur mit einem Unterschied: Wildschwimmen ist viel mehr als das Ziehen von Bahnen. Es geht um die erneute Kontaktaufnahme mit der Natur und darum, das Beste aus dem Aufenthalt im Freien zu machen. Es ist eine Ganzkörpererfahrung in der natürlichen Welt, die alle deine Sinne erfasst. Und da die Welt der Natur jeden Tag einzigartig ist, gleicht nie ein Bad dem anderen.

Schwimmen hat viele gesundheitliche Vorteile, die im Vergleich mit dem Besuch im Hallenbad in freier Natur noch gesteigert werden. Es fördert nicht nur deine Fitness, das kalte Wasser belebt dich außerdem und das Abtauchen ins kühle Nass kann sogar die Quelle eines natürlichen Hochgefühls sein. Das Schwimmen im Freien und die Interaktion mit der Natur heben erwiesenermaßen die Laune und mildern depressive Stimmungen.

Ein weiterer Vorteil der einfachen, gesunden Outdoor-Aktivität ist, dass sie kostenlos ist. Und wenn sich das Wildschwimmen zu einer Passion entwickelt, könnte es dich auf der Suche nach immer schöneren Schwimmlocations in die ganze Welt führen.

Ein See befördert dich in Gefühlstiefen, die sonst unzugänglich sind.

WILLIAM WORDSWORTH

TIPPS IN SACHEN WILDSCHWIMMEN

> Schätz deine Fähigkeiten richtig ein: Es klingt offensichtlich, aber bevor du dich auf ein Wildschwimm-Abenteuer einlässt, stell sicher, dass deine Schwimmfähigkeiten ausreichend sind. Wenn du unsicher bist, frage einen Bademeister im Schwimmbad um Rat und geh das erste Bad im Freien langsam an. Du musst dich nicht unter Druck setzen, um die Vorteile des Wassers zu genießen.

> Schwimm nach Möglichkeit immer mit einem Begleiter oder lass zumindest jemanden wissen, wohin du gehst und wann mit deiner Rückkehr zu rechnen ist. Als Alternative informiere jemanden am Ufer und bitte ihn, ein Auge auf dich zu haben.

> Spring nie in ein Gewässer, wenn du nicht weißt, wie tief es ist. Wenn ein sicherer Sprung möglich ist, gewöhn deinen Körper zuerst an die Wassertemperatur, indem du zunächst die Beine ins Wasser tauchst, um deinen Körper vor einem Schock zu schützen.

> Informier dich vorab über die Wasserqualität des Gewässers, in dem du baden möchtest. Deck Schnittwunden ab, bevor du ins Wasser steigst, vermeide das Verschlucken von Wasser und dusche gründlich nach dem Schwimmen.

> Wenn du kaltem Wasser nichts abgewinnen kannst, investiere in einen Neoprenanzug (oder in Neoprenschuhe und -handschuhe sowie eine Badekappe), um deine Gliedmaßen wärmer zu halten.

> Schwimm immer in Ufernähe des Gewässers, statt quer durch die Mitte. Auf diese Weise bekommst du bei einem Problem eher Hilfe.

> Hol Erkundigungen ein, bevor du schwimmst. Sind Bestimmungen zu befolgen? Handelt es sich um ein Privatgrundstück? Sind Gezeiten oder Strömungen zu beachten? Bilden irgendwelche felsigen Bereiche eine Gefahr? Wo kann man sicher in den See oder Fluss steigen und ihn wieder verlassen?

SCHLUCHTSTEIGEN

Schluchten sind Gräben, die von einem fließenden Gewässer in die Felslandschaft geschnitzt wurden – und diese geografischen Naturformationen gehören zweifellos zu den beeindruckendsten der Welt. Manche sind groß genug, um vom Weltall aus sichtbar zu sein, wie der Grand Canyon, und oftmals Tausende, wenn nicht gar Millionen Jahre alt. Andere sind kleiner, werden noch immer von einem kühlen Gebirgsbach durchströmt und eignen sich perfekt für eine Schlucht-Aufwärts-Wanderung, im englischsprachigen Raum »Gorge Walking« genannt. Im Unterschied zum bekannteren »Canyoning« bahnt man sich beim Gorge Walking seinen Weg *nach oben* durch die Schlucht, wodurch die Sache einen etwas geruhsameren Aspekt bekommt. Das Wasser, das die Schlucht in den Fels geschnitten hat, bahnt sich immer noch wild und malerisch seinen Weg über das Gestein. Neben dem Klettern, Rutschen und Krabbeln wirst du auf deiner Tour also wahrscheinlich auch waten, schwimmen und tauchen. Das Vorankommen in einer Schlucht mag langsam sein, aber es ist trotzdem eine Aktivität, die das Adrenalin durch dein Herz jagt, während du über Felsen kraxelst, durch Wasserfälle steigst und durch kristallklare Kolkbecken schwimmst. Wenn du die Tour beendet hast, wirst du so gut wie sicher von Kopf bis Fuß durchnässt sein, aber auch erfüllt von einem berauschenden Glücksgefühl und stolz darauf, was du mit deinen Begleitern geschafft hast.

Da man langsam unterwegs ist, können sich Leute aller Erfahrungs- und Fitnessgrade am »Schluchteln« erfreuen. Sofern du nicht extrem erfahren bist, ist davon abzuraten, diese Aktivität ohne fähige Guides durchzuführen. Von Instrukteuren geleitet, die dich mit der richtigen Ausrüstung versehen – wie Neoprenanzug, Schwimmweste und Helm –, kannst du sicher den Gebirgsbach hinaufwaten und dabei die grandiose Naturlandschaft aus einer völlig anderen Perspektive genießen.

KAJAKFAHREN AUF SEE UND FLUSS

Kajakfahren auf einem Fluss ist ein völlig anderes Abenteuer als Kajakfahren auf dem Meer. Auf dem Meer setzt du das Kajak in Bewegung, während auf dem Fluss das Wasser mehr Kontrolle übernimmt. Du kannst die Strömung des Flusses nutzen, um das Kajakfahren nach Belieben zu gestalten. Du kannst einen entspannten Trip unternehmen und dich auf dem Fluss stromabwärts treiben lassen. Das sanfte Dahingleiten erlaubt es dir, die herrliche Szenerie an den Ufern zu beobachten – aus einer Perspektive, die sich nirgendwo sonst bietet. Auch wenn die Strömung das Kajak leitet, ist das Paddeln dennoch ein gutes Training: Die Paddelbewegung, die du zum Steuern des Kajaks benötigst, kräftigt deine Arm- und Oberkörpermuskulatur und die nötige Körperspannung hilft dir, deinen Gleichgewichtssinn zu verbessern. Und wenn du mit einem Guide Kajak fährst, kann er dir einiges über die Umgebung erzählen, über die Pflanzen und Tiere bis hin zu regionalen Geschichten und Legenden.

Wenn du ein rasantes Abenteuer suchst, kannst du über Stromschnellen paddeln und mit hoher Geschwindigkeit den Fluss entlang raften. Diese Aktivität stellt deine Fitness auf eine harte Probe, da die Steuerung des Bootes von deiner Kraft in Armen und Oberkörper abhängt. Aber wenn du mittendrin steckst, bemerkst du die Anstrengung gar nicht – mit dem Brausen des Wassers in deinen Ohren und der spritzenden Gischt im Gesicht fühlst du dich wie im Rausch, während du dein winziges Boot über und um die Stromschnellen herum steuerst. Da bleibt keine Zeit, über irgendetwas anderes nachzudenken als über das wilde Wasser und dein Kajak. Das Rafting ist eine derart radikale Auszeit vom Alltag, dass du am Ziel deiner Tour voller Energie ankommen wirst und weitermachen willst.

Egal, wie viel oder wie wenig Erfahrung man in Sachen Kajakfahren hat – es ist für jeden etwas dabei. An Seen und Flüssen gibt es zahlreiche Anbieter, die dir das Mieten eines Kajaks für einen Tag ermöglichen, und wenn du Wildwasser erleben möchtest, nimm an einer Rafting-Tour teil, die von einem erfahrenen Guide geleitet wird.

Wenn es irgendeine Art von Magie auf diesem Planeten gibt, dann liegt sie im Wasser.

LOREN EISELEY

SEE-SEGELN

Du musst nicht am Meer wohnen, um in See zu stechen – Seen bieten die Gelegenheit, auch im Binnenland die Segel zu setzen.

Es gibt ein paar entscheidende Unterschiede zwischen dem Segeln auf einem See und dem Segeln auf dem Meer. Einer ist, dass die Windverhältnisse auf einem See unbeständiger sind. Der Wind kann abrupt nachlassen, oder es kommen plötzlich starke Böen auf, die dich vorantreiben. Diese sich schnell ändernden Bedingungen können das Segeln auf dem See besonders spannend machen, mit dem positiven Nebeneffekt, dass du viel Übung im Anpassen deiner Segel an die wechselnden Bedingungen bekommst. Das Segeln auf Seen bietet mehr Anlass, Manöver wie das Wenden (Fahren im Zick-Zack-Muster) zu üben. Dieses wesentliche Segelmanöver ist auf einem kleinen See besonders wichtig, da du oft den Kurs ändern musst, um nicht am Ufer aufzulaufen.

Obwohl es aber kleine Unterschiede zwischen dem Segeln auf dem See und dem Meer gibt, so ändert sich das Wesen des Sports selbst nicht. An Deck deines Schiffes hast du immer die frische Brise im Haar, die Sonne im Gesicht und das unvergleichliche Gefühl, mit der Kraft des Windes in den Händen über das Wasser zu navigieren.

Ein See ist der schönste und ausdrucksvollste Zug einer Landschaft. Er ist das Auge der Erde. Wer hineinblickt, ermisst an ihm die Tiefe seiner eigenen Natur.

HENRY DAVID THOREAU

STAND UP PADDLING

Trotz seiner Beliebtheit als moderner Wassersport gibt es das Stehpaddeln oder »SUPing« (englisch für Stand-up-Paddleboarding) bereits seit Jahrtausenden und es wurde von Kulturen in aller Welt praktiziert.

Es ist simpel und minimalistisch – du brauchst lediglich ein Board sowie ein Paddel und schon kann es losgehen. Neben festen Boards sind viele aufblasbare Modelle auf dem Markt, was bedeutet, dass du dein Wassergefährt leicht transportieren kannst. Du kannst in geselliger Runde mit Freunden paddeln – oder alleine, und eine der meditativsten Sportarten überhaupt schätzen lernen.

Das Stehpaddeln verlangt vom Sportler, stillzustehen, zentriert, standhaft und ruhig – daher ist es nicht nur ein fantastisches Training zur Stärkung deiner Körpermitte und zur Förderung deines Gleichgewichtssinns, sondern zugleich ein beruhigender Zeitvertreib. Es zwingt dich zum Entschleunigen, und – da Steifheit nur zum Sturz führen würde – hilft dir dabei, in einem Zustand zwischen Spannung und Entspannung in Balance zu kommen, während du den Horizont betrachtest. Draußen auf dem Wasser kannst du deine Sorgen loslassen, dich sammeln und neue Kraft tanken.

Forme dein Herz wie einen See, mit einer ruhigen, stillen Oberfläche und einer großen Fülle der Güte.

LAOZI

RUDERN

Wenn du die Seele baumeln lassen möchtest, verbring einen relaxten Nachmittag in einem Ruderboot. Was könnte entspannender sein, als nahezu lautlos über das Wasser zu gleiten, die Flora und Fauna des Gewässers bewundernd, während du dem sanften Plätschern der Wellen lauschst?

KESCHERN IM FLUSS

>>> ───────────►

Hast du jemals am Ufer eines Flusses oder Baches gestanden und wie gebannt ins Wasser gestarrt? Wenn das fließende Gewässer flach ist, ist das Wasser oft klar – du kannst die Steine auf dem Flussbett und die sanft schwingenden Wassergräser sehen, die von der Strömung hin und her bewegt werden. Je länger man hinsieht, umso mehr erkennt man: die Details der Pflanzen, winzige Insekten auf der Wasseroberfläche, oder Fische.

Flüsse strotzen nur so vor Tieren und Pflanzen, und du brauchst dir nur etwas Zeit zu nehmen, um sie zu beobachten. Das Keschern ist die ideale Art und Weise, um die Welt der Flüsse und Bäche zu erkunden. Du wirst es nicht bereuen, dich ein paar Stunden mit dem Kennenlernen der Flora und Fauna deiner Umgebung vertraut zu machen. Es ist eine tolle Gelegenheit, mit der Natur in Kontakt zu treten. Keschern kann unsere Bewunderung für die Natur neu entfachen; es macht uns bewusst, dass Flüsse nicht einfach nur Wasserwege sind. Es sind riesige komplexe Ökosysteme und Heimat für Lebewesen, die sich über Millionen von Jahren entwickelt und an genau diese Umgebung angepasst haben.

TIPPS IN SACHEN FLUSS-KESCHERN

> Die beste Jahreszeit zum Keschern im Fluss ist zwischen Mai und August, da das Leben in und am Wasser zu dieser Zeit am aktivsten und ergiebigsten ist.

> Die wichtigste Ausrüstung besteht aus einem Kescher und einem großen Glas. Es wäre gut, wenn du auch einen Löffel mitbringst, damit du deine Funde genauer betrachten kannst, vielleicht sogar eine Lupe. Wenn du Spaß daran hast, die von dir gefundenen Arten zu identifizieren, pack auch ein Bestimmungsbuch ein.

> Bring eine Kamera mit, um deine Funde zu dokumentieren und eine Erinnerung zu schaffen!

> Halte den Geräuschpegel niedrig, da viele Lebewesen geräuschempfindlich sind. Je leiser du bist und je langsamer du dich bewegst, umso eher wirst du Tiere sehen.

> Bevor du mit dem Kescher irgendetwas aus dem Wasser schöpfst, füll das Glas mit Flusswasser. Wenn du etwas findest, kannst du es direkt aus dem Fluss in das Glas schöpfen und verursachst so nur minimale Aufregung.

> Wenn du den Kescher benutzt, tauch das Netz sanft ins Wasser. Halte es still und lass das Wasser hindurchlaufen. Heb es sanft aus dem Wasser, gib den Inhalt sofort in das von dir vorbereitete Wasserglas und betrachte deinen Fund.

> Falls du kein Glück hast, versuch, deinen Kescher an anderen Stellen in den Fluss zu halten, oder beweg ihn langsam in Form einer Acht, um deine Chancen zu steigern. Du könntest sogar ein bisschen in Richtung Flussmitte waten, um eine andere Stelle zu erreichen. Wenn du geduldig bist, wirst du bestimmt etwas entdecken!

> Wenn du die von dir gefundenen Lebewesen bewunderst, widerstehe dem Wunsch, sie anzufassen – so werden sie weniger gestresst und du bleibst von der potenziellen Gefahr eines Bisses verschont.

> Sobald du fertig bist, gib alles wieder dort in den Fluss, wo du es entnommen hast.

Das Flusswasser, das du berührst, ist das Letzte von dem, was weggeflossen ist, und das Erste von dem, das heranfließt. So ist die Gegenwart.

LEONARDO DA VINCI

Schätze des Flusses: Flusskrebse

Flusskrebse sind Krustentiere, die in Süßwasser anzutreffen sind. Die wie Mini-Hummer aussehenden Lebewesen bevölkern Flüsse, Teiche, Seen und Marschlandschaften in der ganzen Welt.

Das Fleisch ihrer Körper und Scheren ist essbar, aber Krebsschwanzfleisch wird am häufigsten genutzt – in Gerichten aller Art, von Suppen über Eintöpfe und Pasta bis hin zu Grill- und Meeresfrüchte-Platten. Es ist eine Quelle für fettarmes Eiweiß und steckt voller Vitamine und Mineralien, darunter B-Vitamine, die den Stoffwechsel fördern und gut für Haut, Augen und Haar sind.

Bevor du mit dem Fangen von Flusskrebsen beginnst, musst du dich über die örtlichen Angel- und Fischereibestimmungen sowie die Bestände erkundigen. In Großbritannien etwa ist der einheimische Dohlenkrebs durch eine invasive Art bedroht, den Signalkrebs. Daher wird das Sammeln des Signalkrebses begrüßt, da es dazu beiträgt, dass die Bestände des Dohlenkrebses sich erholen können. Das bedeutet, dass Sammler ihren Fang genau prüfen sollten – falls ein Dohlenkrebs ins Netz gegangen ist, muss er wieder in die Wildnis entlassen werden. Wenn du außerhalb des Vereinigten Königreichs Flusskrebse fängst, achte darauf, die Bestimmungen des jeweiligen Landes zu befolgen.

Sobald du einen Bereich zum Krebsefangen ausgesucht hast, befestige den Köder (etwa ein Stück Schinkenspeck) über einem Netz, um die Krustentiere anzulocken. Wenn du merkst, dass etwas in die Falle gegangen ist, hol sanft dein Netz ein und überprüf, was du gefangen hast! Leg deinen Fang in einen großen tiefen Eimer und entlass Beifang wieder in den Fluss.

FLUSSKREBSE RICHTIG GAREN

Den Fang sortieren und alle Flusskrebse, die bereits tot sind, entsorgen.

Die Flusskrebse im Gefriergerät in etwa 10 Minuten auf 2–4 °C herunterkühlen. Sobald sie diese Temperatur erreicht haben, sie sofort mit einem scharfen Messer töten, entweder durch einen Hieb zwischen die Augen oder in die Brust, um das Leiden zu minimieren.

Einen ausreichend großen Topf zu zwei Dritteln mit Wasser füllen, 1 EL Salz hinzugeben und das Wasser zum Kochen bringen. Die Flusskrebse in den Topf geben und etwa 5 Minuten kochen, bis sie feuerrot sind.

Mit einer großen Schaumkelle aus dem Topf heben und abkühlen lassen. Die Schwänze abdrehen und die Panzer aufbrechen, um das Fleisch herauszulösen.

KREBS-CHAMPIGNON-RISOTTO

2 Portionen

ZUTATEN

1 EL Olivenöl
1 kleine Zwiebel, gewürfelt
2 Knoblauchzehen, zerdrückt
120 g Champignons, in Scheiben geschnitten
150 g Arborio-Reis
90 ml Weißwein
Schale einer Bio-Zitrone, frisch abgerieben
500 ml Hähnchen-, Fisch- oder Gemüsebrühe
100 g Krebsschwanzfleisch (von etwa 7 gegarten Flusskrebsen)
50 g Parmesan
50 ml Crème double
1 Handvoll Schnittlauch, in Röllchen geschnitten

ZUBEREITUNG

In einer hohen Bratpfanne das Öl erhitzen. Zwiebel und Knoblauch bei mittlerer Temperatur darin anschwitzen, bis sie weich sind. Die Champignons dazugeben und 5 Minuten mitanbraten, dabei gelegentlich umrühren.

Den Reis dazugeben und eine Minute unter Rühren anbraten, dann den Wein aufgießen und den Zitronenabrieb untermengen. Sanft rühren, bis die Flüssigkeit absorbiert worden ist. Dann eine kleine Kelle Brühe zugeben. Fortlaufend rühren, bis die Brühe absorbiert worden ist, dann wieder eine kleine Kelle Brühe aufgießen, einkochen lassen und damit fortfahren, bis die gesamte Brühe verarbeitet und absorbiert worden ist. Dann das Krebsfleisch unterrühren, bis es durchgewärmt ist.

Die Pfanne vom Herd nehmen und den Parmesan, die Crème double und die Hälfte des Schnittlauchs unterrühren. Mit dem restlichen Schnittlauch garniert servieren.

Schätze des Flusses: Wasserminze

Die Wasserminze, manchmal auch Bachminze genannt, gehört zur Familie der Lippenblütler. Wie der Name suggeriert, gedeiht sie auf feuchtem Boden und aus diesem Grund findet sie sich häufig an Seen, Flüssen und Teichen. Wie die herkömmliche Minze hat Wasserminze Blätter mit gezackten Kanten, aber Wasserminzblätter haben einen violetten Stich und sind stark geädert. Wasserminze hat auch farbenprächtige violette Blüten, die aus der Ferne betrachtet wie große, runde Kugeln aussehen, tatsächlich aber aus vielen kleinen Einzelblüten bestehen.

Die essbaren Teile der Wasserminze sind die Blätter, die seit Jahrtausenden als Heilkraut verwendet werden – und dies aus gutem Grund. Die Wasserminze hat sich als besänftigend für den Magen erwiesen und fördert eine gesunde Verdauung, lindert Übelkeit und reduziert Entzündungen. Sie ist ein einfaches, aber erfrischendes Kraut und wächst an manchen Standorten geradezu im Überfluss.

Die Wasserminze ist immergrün, sodass die Blätter jederzeit abgeerntet werden können (obwohl du in den wärmeren Monaten wahrscheinlich mehr Erfolg hast bei der Suche). Zum Sammeln pflück immer nur ein paar Blätter einer einzelnen Pflanze und transportiere sie in einem luftdurchlässigen Beutel nach Hause. Die jüngsten Blätter haben den besten Geschmack; halte dich somit an diese, wenn du eine starke Minzqualität wünschst. Wenn du die Minze nicht sofort verwendest, lagere sie in einem luftdichten Behälter im Gefriergerät, wo sie sich bis zu drei Monate hält.

WASSERMINZTEE

Ergibt 1 Becher

ZUTATEN
1 Handvoll Wasserminzblätter
(frisch oder getrocknet)

ZUBEREITUNG
Falls frische Blätter zum Einsatz kommen, diese erst waschen.

Ein paar Blätter in einem Becher mit heißem Wasser aufgießen und ein paar Minuten ziehen lassen.

Den Tee nach Belieben süßen und genießen.

HOCH- & TIEFEBENEN

Hoch- und Tiefebenen bilden die grünen Räume unserer Welt, verknüpfen Landstriche in einem Flickenteppich aus Feldern, Ebenen und Bergen. Sie sind ebenso vielseitig wie weitläufig, und ihre Erkundung zu Fuß, auf dem Rad oder hoch zu Ross ist ein Vergnügen, das sich niemand entgehen lassen sollte.

WANDERN

Wandern ist eine der einfachsten Methoden, an die frische Luft zu kommen und die freie Natur zu genießen. Wie auch immer du das Wandern praktizierst – ob Spazierengehen, Bergsteigen oder Jakobspilgern –, Wandern bedeutet schlicht und einfach Gehen, womit es an die unterschiedlichsten Bedürfnisse anpassbar ist. Streif eine Stunde über eine Blumenwiese oder mach eine mehrtägige Hüttentour im Gebirge. Unternimm eine Fernwanderung, wandere allein oder mit Freunden, halt dich an eingetragene Pfade oder bahn dir deinen eigenen Weg – die Welt wartet darauf, auf Schusters Rappen von dir entdeckt zu werden.

Viele natürliche Räume lassen sich nur zu Fuß erreichen; wenn du wanderst, eröffnet sich dir eine Welt neuer Möglichkeiten. Zu Fuß bist du frei. Du kannst gehen, wohin du willst, deine eigenen Wege entdecken und die beeindruckendsten Aussichten erleben, die die Natur zu bieten hat – Aussichten, die denjenigen vorbehalten sind, die sich die Zeit nehmen und ihre Wanderschuhe schnüren. Das stetige Tempo, einen Fuß vor den anderen setzend, ist beruhigend und erdverbindend sowie ein hervorragendes Training für Herz und Kreislauf. Wenn du wanderst, verlässt du dich auf deine eigene Kraft, die dich von A nach B trägt. Wenn du also den Gipfel des Berges erreichst – egal wie erschöpft du bist –, kannst du die Aussicht genießen und sehen, wie weit du gekommen bist, zufrieden wissend, was *du* geschafft hast.

TIPPS IN SACHEN WANDERN

> Pass die Tour deinem Fitnesslevel an. Damit bist du auf der sicheren Seite und stellst sicher, dass dich die Wanderung nicht überfordert.

> Nimm Karte und Kompass mit, mach dich aber stets mit der Route vertraut, bevor du losziehst, damit du eine Vorstellung davon hast, wo es hingeht.

> Prüf die Wetterprognosen und pack dem entsprechend alle wichtigen Dinge ein: Wasser, Lebensmittel, Sonnencreme, eine Karte, ein geladenes Handy, warme, wasserdichte Lagen an Kleidung, einen Pullover und ein Erste-Hilfe-Set.

> Investier in ein Paar robuste Wanderschuhe. Sie müssen nicht teuer sein, aber zuverlässiges Schuhwerk ist für deine Füße angenehm und schützt deine Knöchel.

> Sei offen für Entdeckungen, aber geh auf Nummer sicher. Obwohl es normalerweise okay ist, ein wenig vom Weg abzuweichen, um einen genaueren Blick auf eine Pflanze zu werfen oder einen Bereich zu erkunden, vergiss nicht, wo du dich befindest. Wenn Schilder darauf hinweisen, auf dem Weg zu bleiben, halte dich daran, da in der Umgebung Gefahren lauern könnten oder die Gegend unter Naturschutz steht.

> Informier jemanden darüber, wohin du gehst und wann mit deiner Rückkehr zu rechnen ist. Falls etwas passiert, kann er/sie so früh wie möglich Alarm schlagen.

WILDCAMPEN

Beim Wildcampen dreht sich alles um Freiheit. Es ist die perfekte Auszeit vom Trubel der Stadt, eine Gelegenheit, sich auf das Wesentliche zu besinnen und ganz und gar in der Natur zu sein.

Wildcampen bedeutet, irgendwo unter freiem Himmel zu zelten, abseits eines ausgewiesenen Campingplatzes. Und es bedeutet, Unterkunft und Habseligkeiten auf die Dinge zu beschränken, die du auf dem Rücken tragen kannst; losgelöst vom modernen Leben, bist du befreit. Inmitten der Natur kannst du überall hingehen, verweilen, wo du willst, tun, was du möchtest – es gibt kein großartigeres Gefühl von Freiheit.

Es kann etwas einschüchternd wirken, da du dich vollkommen auf dich selbst und die anderen Gruppenmitglieder verlassen musst. Du kannst nachts nicht mal eben schnell eine Toilette aufsuchen oder mitten im Nirgendwo Ersatz für Dinge kaufen, die kaputtgegangen sind. Aber die Herausforderung und die völlige Loslösung vom Alltag machen einen großen Teil des Reizes aus. Es gibt keine Tagesordnung, keinen Zeitplan. Du bist der Held deines eigenes Abenteuers. Wo wird dich der nächste Tag hinführen? Das ist ganz dir überlassen. Neben den allgemeinen Tipps fürs Campen (siehe Seite 13) folgen hier ein paar zusätzliche für Wildcamper:

ABENTEUER LOHNT SICH AN SICH.

AMELIA EARHART

> Pack so leicht wie möglich, ohne dabei die wesentlichen Dinge zu vergessen. Je leichter dein Gepäck, umso leichter fällt dir das Wandern, Entdecken und Genießen in der Natur.

> Für die Auswahl eines Platzes zum Errichten deines Zeltes such eine ebene Fläche abseits etwaiger Fußwege oder Durchfahrten.

> An manchen Orten gelten Vorschriften in Sachen Wildcampen; achte darauf, dies vor dem Aufstellen deines Zeltes zu prüfen

> Nimm ausreichend warme Lagen an Kleidung mit – die Nächte können kalt sein.

> Kauf oder leih dir ein gutes Zelt. Es sollte leicht sein; ein Zweipersonenzelt sollte beispielsweise nicht mehr als 2 Kilogramm wiegen. Diese leichteren Modelle sind teurer, aber das Material ist von erheblich besserer Qualität.

> Nimm all deine Toilettenabfälle mit. Wenn das nicht möglich ist, achte darauf, sie mindestens 15 Zentimeter tief im Boden zu vergraben (aber vergrab kein Klopapier).

ORIENTIERUNG MITHILFE DER NATUR

Sich allein anhand der Natur orientieren zu können ist eine nützliche Fähigkeit – und eine vergnügliche Herausforderung. Viele würden es sogar als eine Kunst bezeichnen, da es Hingabe und Geduld erfordert, darin wahrhaft kompetent zu werden. Hier folgen ein paar Tipps, die dir helfen, dich auf der nördlichen Erdhalbkugel ohne Zuhilfenahme von Navis oder Kompass zurechtzufinden.

Sonne

Die meisten Menschen sind mit der Tatsache vertraut, dass die Sonne im Osten auf- und im Westen untergeht. Für eine grobe Orientierung mag das ausreichen. Wenn du aber deinen Standort genauer bestimmen willst, musst du auch deine Position auf der Erde und die Jahreszeit mit berücksichtigen. So geht etwa auf der nördlichen Erdhalbkugel die Sonne im Sommer im Nordosten auf, im Winter im Südosten, da sich die Erde im Jahresverlauf auf ihrer Achse in verschiedene Richtungen neigt.

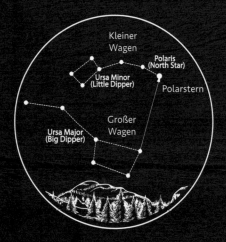

Polarstern/Nordstern

Entgegen der allgemeinen Annahme ist der Polarstern nicht der hellste Punkt am Nachthimmel – er funkelt sogar matter als einige der ihn umgebenden Sterne –, aber er lässt sich trotzdem leicht finden. Such zunächst das Sternbild des Großen Wagens und nimm die beiden rechten Sterne des »Wagens« ins Visier. Stell dir eine Linie als Verbindung zwischen den beiden Sternen vor und verlängere diese gedanklich nach oben bis zum Deichselende des Kleinen Wagens – und schon hast du den Polarstern gefunden und so den geografischen Norden ermittelt.

Mond

Wenn eine Mondsichel am Himmel zu sehen ist, dann kannst du grob ermitteln, wo Süden ist. Stell dir vor, du hältst ein Lineal an die Spitzen der Sichel. Führ die Linie gedanklich bis zum Horizont fort und schon hast du ermittelt, wo Süden ist. Es ist nur eine sehr vage Angabe, aber sie kann dir helfen, weitere Informationen zu deiner Umgebung zu erhalten, wenn du sie benötigst.

Felsen

Leg deine Hand auf einen großen Felsen und fühl die Temperatur auf jeder Seite. Der wärmste Teil des Felsens zeigt dir an, wo die Sonne steht, was an einem bewölkten Tag helfen kann, den richtigen Weg einzuschlagen.

Moos

Such einen Baum, der relativ frei steht, und sieh nach, auf welcher Seite des Stammes Moos wächst. Während Bäume sich nach der Sonne ausrichten, bevorzugt Moos kühle, schattige Orte. Mit anderen Worten: Die moosfreie Seite, die viel Sonne abbekommt, zeigt in der Regel Süden an, und dort, wo am Baum Moos wächst, ist im Allgemeinen Norden.

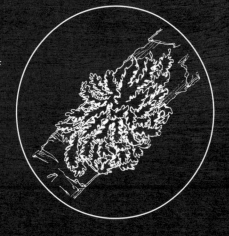

WIRF EINEN TIEFEN BLICK AUF DIE NATUR UND DU WIRST ALLES BESSER VERSTEHEN.

ALBERT EINSTEIN

STERNENBEOBACHTUNG

Das nächtliche Firmament zu bewundern ist eine der zauberhaftesten Weisen, einen Abend im Freien zu verbringen. Finde eine »Sternenlichtoase«, unbehelligt von der Lichtverschmutzung der Städte, breite eine Decke aus und lass dich nieder, um den wunderbaren Anblick am Nachthimmel zu genießen.

> ICH WEISS NICHTS MIT SICHERHEIT, NUR, DASS DER ANBLICK DER STERNE MICH ZUM TRÄUMEN BRINGT.
>
> VINCENT VAN GOGH

Trail-Running

Wenn du gerne Joggen gehst, um nach einem langen Arbeitstag den Kopf frei zu bekommen, wenn du den stetigen Rhythmus deiner Füße magst, die beim Laufen den Boden berühren, wenn du das Hochgefühl am Ende eines Laufs liebst – dann probier mal, ob »Trail-Running« oder Geländelauf etwas für dich sein könnte.

Trail-Running ist ein Sport, bei dem man sich joggend seinen Pfad durch eine Naturlandschaft sucht. Es beinhaltet all das, was du am Joggen liebst, aber mit dem zusätzlichen Bonus, in der freien Natur zu sein. Da du nicht auf Asphalt läufst, ist es auch etwas schonender für deine Gelenke.

Wenn auch nicht so extrem wie das Fell-Running (siehe Seite 86), ist das Trail-Running dennoch ein herausfordernder Sport, da die Strecken sowohl An- als auch Abstiege umfassen können und das Gelände ebenso vielfältig ist wie das Wetter. Du kannst über steinige Wege, weiches Gras oder durch Bäche laufen, im Regen, bei Sonnenschein, unter Wolken und durch Nebel. Jeder Pfad ist anders – selbst dieselbe Route wird bei jedem Lauf einzigartig sein. Beim Laufen spürst du den stimmungsaufhellenden Effekt der Bewegung und die freie Natur verleiht dem Joggen ein Gefühl von Abenteuer.

TIPPS IN SACHEN TRAIL-RUNNING

> Trag die richtigen Schuhe. Trail-Running-Schuhe haben ein besonders griffiges Profil für eine besonders gute Haftung im Gelände und meist einen flacheren Absatz, was deine Knöchel schont.

> Behalte den Untergrund im Auge. Manchmal kann der Pfad schmal sein, und insbesondere auf steinigem Gelände musst du darauf achten, wo du deine Füße hinsetzt.

> Zieh den Einsatz von Trekking-Stöcken in Betracht, wenn deine Strecke steil ist, da sie dein Gleichgewicht unterstützen und deine Gelenke entlasten.

> Nimm Rücksicht auf deine Laufpartner. Im Allgemeinen lassen bergauf Laufende bergab Laufenden den Vortritt. Wenn es Pfützen gibt, versuch, nicht hineinzuplatschen, wenn andere in der Nähe sind!

> Benutz deine Arme, um dein Gleichgewicht zu halten.

> Sei bereit, deine Geschwindigkeit zu drosseln. Trail-Running unterscheidet sich vom Straßenlauf, und die abrupten Wechsel von Untergrund und Steigung können ein langsameres Tempo erfordern. Wenn du Anpassungen während des Laufs unternimmst, kannst du größere Distanzen bewältigen.

In Gegenwart der Natur durchdringt den Menschen eine wilde Freude.

RALPH WALDO EMERSON

WANDERREITEN

Das Reiten in freier Natur liegt irgendwo zwischen Abenteuer und Entspannung. Das rhythmische Getrappel der Pferdehufe unter dir ist beruhigend und hoch zu Ross erkundest du deine Umwelt aus einer völlig neuen Perspektive. Du kannst gemächlich die Landschaft, die Farben und das Leben um dich herum aufnehmen, sei es eine mit Bäumen gesäumte Allee, die Flora und Fauna eines Waldes oder eine weitflächige Grasebene.

Pferde sind edel, majestätisch und friedvoll, und einem solchen Wesen so nahe zu sein, hat etwas Unglaubliches; jede Bewegung seines starken Körpers beim Gehen zu spüren, die Wärme seiner Flanken und das Heben und Senken seines Brustkorbs mit jedem seiner Atemzüge. Da besteht eine Verbundenheit zwischen dir und deinem Reittier, die für einen enormen Vertrauenszuwachs sorgen kann – insbesondere bei jenen unter uns, die normalerweise keine Gelegenheit für den Umgang mit Tieren haben. Im Team mit deinem Ross kannst du Berge und Felder erkunden und seine Gelassenheit überträgt sich unterwegs auf dich.

Keine Stunde im Leben, die man im Sattel verbringt, ist verschwendet.

WINSTON CHURCHILL

BIRDWATCHING

Von Raubvögeln, die über Feldern kreisen, bis hin zu kleinen Singvögeln, die in Hecken nisten, gibt es überall Vögel zu entdecken, und die Hoch- und Tiefebenen bilden dabei keine Ausnahme.

»Birdwatching«, auf Deutsch Vogelbeobachtung, kann nach Lust und Laune gestaltet werden. Du kannst beim Spazierengehen nach den gefiederten Geschöpfen Ausschau halten oder sie bei einer Wanderung oder einem Campingausflug beobachten. Wenn es dir schwerfällt, dich vom Alltag zu lösen, dann ist die Vogelbeobachtung eine gute Gelegenheit, um Zeit im Freien zu verbringen. Schnapp dir dein Fernglas und ein Vogelbestimmungsbuch, geh los und lass dich überraschen. Oder such Vogelschutzgebiete oder Vogelbeobachtungsstationen in deiner Nähe auf. Wo und wie auch immer du die Helden der Lüfte beobachtest – es entfalten sich vor dir Geschichten. Wenn du das Glück hast, sie über einen langen Zeitraum zu studieren, erkennst du sogar ihre Persönlichkeiten. Die Vogelbeobachtung ist im Kern eine Übung in Geduld und Schweigen, und als solche lädt sie zum ruhigen Nachsinnen ein. Kombiniert mit den Vorteilen des Zeitvertreibs im Freien, umgeben von allem Grünen, Windgepeitschten und Natürlichen, ist die Vogelbeobachtung ein erholsamer Zeitvertreib. Wenn du dich auf die Vögel konzentrierst, wie sie aus einer Hecke hinaus und in sie hinein flitzen oder elegant ihre Kreise am Himmel ziehen, wirst du gebannt das Hier und Jetzt genießen.

Vom Kolibri bis zum Adler – die tägliche Existenz eines jeden Vogels ist ein weitentrücktes und bezauberndes Mysterium.

THOMAS WENTWORTH HIGGINSON

HOCH- & TIEFEBENEN

Schätze der Wiese: Löwenzahn

Wenn du einen Garten dein Eigen nennst, hast du den guten alten Löwenzahn womöglich schon einige Male verdrossen aus dem Rasen gerupft – wenn nicht, hast du dich vermutlich damit vergnügt, ihn als Pusteblume zu benutzen und seine Flugsamen im Wind tanzen zu lassen. Wusstest du aber, dass der Löwenzahn auch eine Delikatesse ist?

Löwenzahn gibt es an vielen Stellen geradezu im Überfluss, was ihn zum Traum eines jeden Sammlers macht. Noch besser: Fast die gesamte Pflanze kann genutzt werden – Blätter, Blüten und Wurzeln. Die jungen Blätter sind großartige Zugaben für Salate und verleihen ihm einen leicht bitteren, herben Geschmack. Als Alternative können sie, wie anderes Blattgemüse auch, in Öl und Knoblauch sautiert als Beilage verspeist werden. Die Wurzeln lassen sich für die Herstellung eines koffeinfreien Kaffee-ähnlichen Getränks nutzen, und die Blüten können gebraten, in Brot verbacken oder zu Wein verarbeitet werden.

Da Löwenzahn vielen als Unkraut gilt, muss beim Sammeln hauptsächlich darauf geachtet werden, Bereiche zu meiden, in denen Pestizide ausgebracht wurden, wie etwa an öffentlichen Straßenrändern. Die beste Zeit zum Löwenzahn-Sammeln ist zwischen Mai und Oktober. Zum Abernten entscheide dich (je nach Verwendung) für Blüten oder Blätter und trage deine Beute in einem luftdurchlässigen Beutel nach Hause. Im Allgemeinen wird davon abgeraten, die Wurzeln beim Sammeln auszustechen, da dies den Pflanzenbestand schädigt. Da Löwenzahn aber so zahlreich wächst, könntest du seine Wurzeln verwenden, wenn du sie sparsam auf einem Grundstück sammelst, für das du die Genehmigung hast.

LÖWENZAHNSIRUP

Ergibt etwa 1 Glas (450 ml)

ZUBEREITUNG

Die Stängel und so viele der grünen Blätter wie möglich von den Löwenzahnblüten entfernen. Dann die Blüten abwaschen und trocken tupfen.

Das Wasser in einen großen Topf füllen und die Blüten hineingeben. Alles zum Kochen bringen und 1 Minute kochen lassen. Vom Herd nehmen und über Nacht ziehen lassen.

Am folgenden Tag die Flüssigkeit durch ein Seihtuch in eine Schüssel abgießen, dabei so viel Flüssigkeit aus den Blüten drücken wie möglich. Die Flüssigkeit zurück in den Topf geben, die Blüten entsorgen.

Zucker, Zitronenabrieb und Zitronensaft in den Topf geben, abdecken und alles bei geringer Temperatur 1 Stunde zu einem Sirup einköcheln lassen. Der Sirup verdickt sich weiter, sobald er abgekühlt ist; also keine Sorge, wenn er nach Ablauf der Kochzeit noch etwas dünn wirkt.

Auf Handtemperatur abkühlen lassen, dann mit Zucker und Zitronensaft abschmecken. In ein sterilisiertes Glas füllen, verschließen und ganz abkühlen lassen. Im Kühlschrank bis zu einen Monat aufbewahren.

Als süße Leckerei über Pfannkuchen, Waffeln oder Porridge träufeln.

ZUTATEN

etwa 60 Löwenzahnblüten
400 ml Wasser
190 g brauner Rohrzucker
190 g Zucker
Schale und Saft von $1/2$ Bio-Zitrone, frisch abgerieben und ausgepresst

Schätze der Wiese: Brombeeren

Brombeeren sind vielleicht die auffälligsten Wildbeeren überhaupt und viele von uns werden sich an lange Sommernachmittage erinnern, die wir in Kindertagen mit der Suche nach dieser Köstlichkeit verbracht haben – mit klebrigen, violett gefärbten Fingern und Saft verschmiertem Mund.

In Trauben an stacheligen Ranken hängend sind Brombeeren die Belohnung für Sammler, die sich wacker durch das Dornendickicht kämpfen. Die beste Zeit für das Brombeersammeln ist im Hoch- bis Spätsommer (Ende Juli bis in den Oktober), und die Sträucher sind leicht erkennbar, da sie dichte Hecken mit Dornenranken bilden, die sich über den Boden wölben und mit Beeren überladen sind.

Sammle die Beeren in einem Behälter (eine waschbare Kunststoffdose oder ein Metallsieb eignen sich gut), indem du sie direkt vom Strauch pflückst. Aufgrund der Dornen sind Handschuhe empfehlenswert und möglicherweise ein langer Stock mit einem Haken daran, um die höchsten Ranken in Reichweite zu holen.

Hinweis: Brombeeren wachsen manchmal nahe am Straßenrand. Pflück diese aber lieber nicht, da sie mit Giftstoffen belastet sein könnten.

BROMBEER-APFEL-CRUMBLE

Ergibt 8-10 Portionen

ZUBEREITUNG

Den Backofen auf 180 °C/Gas Stufe 4 vorheizen und eine runde, ofenfeste Form von 20 Zentimetern Durchmesser mit Butter einfetten.

Für die Füllung die Äpfel schälen, vom Kerngehäuse befreien, in etwa 1 Zentimeter große Würfel schneiden und in einen Topf geben. Die Brombeeren abwaschen, abtropfen lassen und ebenfalls in den Topf geben. 1 EL Wasser sowie 1 EL des Rohrzuckers unterrühren und alles ohne Deckel bei geringer Temperatur etwa 5 Minuten sanft köcheln lassen, bis das Obst beginnt, weich zu werden, dabei gelegentlich umrühren. Nun den Rest des Rohrzuckers, den Zimt, das Piment und das Salz unterrühren, gründlich vermengen und das Kompott beiseitestellen.

Für die Streusel die angegebenen Zutaten in eine Schüssel geben und mit den Fingern zu krümeligen Streuseln verreiben. Alternativ die Zutaten im Universalzerkleinerer zerhäckseln, um denselben Effekt zu erzielen.

Das Kompott auf dem Boden der eingefetteten Form verteilen, dann die Streusel darüberkrümeln.

30–40 Minuten im Ofen backen, bis das Kompott blubbert und die Streusel goldbraun sind. Vor dem Servieren in der Form leicht abkühlen lassen.

ZUTATEN

FÜR DIE FÜLLUNG

300 g säuerliche Äpfel
150 g Brombeeren
60 g brauner Rohrzucker
1 EL Mehl
1 TL gemahlener Zimt
1 TL gemahlenes Piment
½ TL Salz

FÜR DIE STREUSEL

200 g Mehl
150 g brauner Rohrzucker
160 g Butter, gewürfelt, plus etwas extra zum Einfetten der Form
1 Prise Salz

FAZIT

Die freie Natur ist das schlagende Herz unserer Welt, und es ist für uns entscheidend, dass wir sie wertschätzen und schützen. Hoffentlich hast du auf diesen Seiten etwas entdeckt, was dich dazu inspiriert, rauszugehen und diese erstaunliche Quelle des Lebens, der Energie und der Freiheit zu erkunden. Ob du nun Bergsteigen, Segeln gehen, Wildtiere beobachten oder in einem See schwimmen möchtest – jeder Ausflug in die Wildnis ist einzigartig und eine wertvolle Erfahrung, die in Erinnerung bleibt.

Im Laufe von Jahrtausenden hat die Natur uns geformt und geprägt – der Erhalt einer Verbindung zu ihr ist etwas, was wir nicht nur zum Überleben brauchen, sondern auch für unser Glück. Wenn wir ihr eine Chance geben, kann die freie Natur unser Leben bereichern, erfüllender und bedeutungsvoller machen – alles, was wir dafür tun müssen, ist, vor die Tür zu gehen …

DIE ERDE HAT IHRE EIGENE MELODIE, FÜR DIE, DIE HINHÖREN.

GEORGE SANTAYANA

BILDNACHWEIS

Umschlag Vorderseite © Creative Travel Projects/Shutterstock.com; Umschlag Rückseite © Vitalii Nesterchuk/Shutterstock.com S. 3 © ABO PHOTOGRAPHY/Shutterstock.com; S. 4 – Sonnenaufgang über den Bergen © Evgeny Bakharev/Shutterstock.com; Töpfe und Pfannen © Vitalii Nesterchuk/Shutterstock.com; Wald © Valentin Valkov/Shutterstock.com; grüne Berge © My Good Image/Shutterstock.com; S. 5 – Küste © Smit/Shutterstock.com; Fluss mit Boot © Andrei Bortnikau/Shutterstock.com; Hügel ©Kevin Eaves/Shutterstock.com; einsamer Wanderer © everst/Shutterstock.com; S. 6–7 © Evgeny Bakharev/Shutterstock.com; S. 8 © Sloth Astronaut/Shutterstock.com; S. 9 © Vitalii Nesterchuk/Shutterstock.com; S. 10 © a_bachelorette/Shutterstock.com; S. 11 © Creative Travel Projects/Shutterstock.com; S. 12–13 – kleines Foto © g-stockstudio/Shutterstock.com; großes Foto© Kochneva Tetyana/Shutterstock.com; S. 14 © Petrenko Andriy/Shutterstock.com; S. 15 © DVostok/Shutterstock.com; S. 16 – Grafik © Sloth Astronaut/Shutterstock.com; Foto Bildagentur Zoonar GmbH/Shutterstock.com; S. 17 – oben links © Alena Ozerova/Shutterstock.com; oben rechts © Shaiith/Shutterstock.com; Mitte links © Sander van der Werf/Shutterstock.com; Mitte rechts © kaspergaram/Shutterstock.com; unten links © everst/Shutterstock.com; unten rechts © nampix/Shutterstock.com; S. 18 © Lolostock/Shutterstock.com; S. 19 © Kostiantyn Fedorov; S. 20–21 © Brent Hofacker/Shutterstock.com; S. 22 – oben links © Iudina Ekaterina/Shutterstock.com; oben rechts © Shaiith/Shutterstock.com; S. 23 – oben links © Svitlana Pimenov/Shutterstock.com; oben rechts © zi3000/Shutterstock.com; S. 24 – oben links Grafik © Sloth Astronaut/Shutterstock.com; unten rechts © Kostiantyn Fedorov; S. 25 – oben und unten rechts © Kostiantyn Fedorov; S. 24–25 – Hintergrund © Backgroundy/Shutterstock.com; S. 26–27 – Fotos © PRESSLAB/Shutterstock.com; Becher-Grafik © a_bachelorette/Shutterstock.com; S. 28 – Grafik © igorrita; Foto © Deepk Creation/Shutterstock.com; S. 29 – oben links © Creative Travel Projects/Shutterstock.com; oben rechts © Vera Petrunina/Shutterstock.com; Mitte links © Stokkete/Shutterstock.com; Mitte rechts © Grekov's/Shutterstock.com; unten links © Fotovika/Shutterstock.com; unten rechts © Rawpixel.com/Shutterstock.com; S. 30 © Dmitry Sheremeta/Shutterstock.com ; S. 31 – Schnitz-Illustration © SofiaV/Shutterstock.com; untere drei Illustrationen © Kostiantyn Fedorov; S. 32–33 © dan.nikonov/Shutterstock.com; S. 34 – Foto © fboudrias/Shutterstock.com; Grafik © Tortuga/Shutterstock.com; S. 35 – oben links © Stephanie Frey/Shutterstock.com; oben rechts © Sam Spicer/Shutterstock.com; Mitte links © plantic/Shutterstock.com; Mitte rechts © Kryvenok Anastasiia/Shutterstock.com; unten links © Akhenaton Images/Shutterstock.com; unten rechts © Paranamir/Shutterstock.com; S. 36 © Sloth Astronaut/Shutterstock.com; S. 37 © Valentin Valkov/Shutterstock.com; S. 38–39 – oberer Kasten © Piotr Krzeslak/Shutterstock.com; unterer Kasten © Volodymyr Goinyk/Shutterstock.com; S. 40–41 © 271 EAK MOTO/Shutterstock.com; S. 42–43 © frankie's/Shutterstock.com; S. 44 © Valentin Agapov/Shutterstock.com; S. 45 © Maks TRV/Shutterstock.com; S. 46–47 © LazarenkoD/Shutterstock.com; S. 48 – compass-Grafik © a_bachelorette/Shutterstock.com; S. 48–49 – großes Foto und oben rechts © OlegKovalevichh/Shutterstock.com; unten rechts © Rawpixel.com/Shutterstock.com; S. 50–51 © Andrey Prokhorov/Shutterstock.com; S. 52–53 © Twinsterphoto/Shutterstock.com; S. 54–55 – Hintergrund © Backgroundy/Shutterstock.com; Kaninchenspuren © Peter Hermes Furian/Shutterstock.com; Rehspuren © Cactus Studio/Shutterstock.com; Dachsspuren © Horyn Myron/Shutterstock.com; großer Tatzenabdruck © igorrita/Shutterstock.com; S. 56–57 – großer Kreis © 271 EAK MOTO/Shutterstock.com; kleiner Kreis © Ondrej Prosicky/Shutterstock.com; Grafik © DenisKrivoy/Shutterstock.com; S. 58 oben links © lkoimages/Shutterstock.com; oben rechts © OlegKovalevichh/Shutterstock.com; Mitte links © the goatman/Shutterstock.com; Mitte rechts © Coatesy/Shutterstock.com; unten links © everst/Shutterstock.com; unten rechts © Tepikina Nastya/Shutterstock.com; S. 59 – Sloth Astronaut/Shutterstock.com; S. 60–61 – Haupt-Hintergrundbild © DUSAN ZIDAR/Shutterstock.com; Foto mittlerer Kreis © aliasemma/Shutterstock.com; Foto kleiner Kreis © Laszlo Szelenczey/Shutterstock.com; S. 62–63 – Hauptbild © Melica/Shutterstock.com; Foto kleiner Kreis © jflin98/Shutterstock.com; S. 64–65 © KarepaStock/Shutterstock.com; S. 66–67 – oben links © Nickolay Khoroshkov/Shutterstock.com; oben Mitte © Roxana Bashyrova/Shutterstock.com; oben rechts © Creative Travel Projects/Shutterstock.com; Mitte links © Mooshny/Shutterstock.com; mittleres Bild © Standret/Shutterstock.com; Mitte rechts © Lolostock/Shutterstock.com; unten links © everst/Shutterstock.com; unten Mitte © Bogdan Sonjachny/Shutterstock.com; unten rechts © Roxana Bashyrova/Shutterstock.com; Grafik © igorrita/Shutterstock.com; S. 68 © Sloth Astronaut/Shutterstock.com; S. 69 © My Good Image/Shutterstock.com; S. 70–71 © shopplaywood/Shutterstock.com; S. 72–73 © Vitalii Bashkatov/Shutterstock.com; S. 74–75 – linker Kasten © AYA images/Shutterstock.com; rechter Kasten © Alena Ozerova/Shutterstock.com; S. 76 – Foto © eternal_aviv/Shutterstock.com; Grafik © mpaniti/Shutterstock.com; S. 77 – oben links und unten rechts © everst/Shutterstock.com; oben rechts © Feel good studio/Shutterstock.com; Mitte links © iamnong/Shutterstock.com; Mitte rechts und unten links © Alena Ozerova/Shutterstock.com; S. 78–79 – großer Kreis © atsamtaylorphotos/Shutterstock.com; small circle © Catalin Grigoriu/Shutterstock.com; graphic © Sloth Astronaut/Shutterstock.com; S. 80–81 © Lolostock/Shutterstock.com; S. 82–83 © ABO PHOTOGRAPHY/Shutterstock.com; S. 84–85 © Jakub Cejpek/Shutterstock.com; S. 86–87 – großes Foto © Andre Gie/Shutterstock.com; kleines Foto © lzf/Shutterstock.com; S. 88 © Julia Korchevska/Shutterstock.com; S. 89 – oben links © Creative Travel Projects/Shutterstock.com; oben rechts and unten rechts © everst/Shutterstock.com; Mitte links © lenina11only/Shutterstock.com; Mitte rechts © Evgeny Bakharev/Shutterstock.com; unten links © eternal_aviv/Shutterstock.com; S. 90–91 © lassedesignen/Shutterstock.com; S. 92–93 – großes Hintergrundfoto © Africa Studio/Shutterstock.com; kleines Foto © probertsre/Shutterstock.com; S. 94–95 © yuda chen/Shutterstock.com; S. 96–97 – oben links, oben Mitte, Mitte rechts und unten Mitte © everst/Shutterstock.com; oben rechts © Maria Savenko/Shutterstock.com; Mitte links © Blue Planet Studio/Shutterstock.com; mittleres Foto © Evgeny Bakharev/Shutterstock.com; unten links © lzf/Shutterstock.com; unten rechts © Alena Ozerova/Shutterstock.com; Grafik © igorrita/Shutterstock.com; S. 98 © Ivanov Alexey/Shutterstock.com; S. 99 © Smit/Shutterstock.com; S. 100–101 © Paolo Gallo/Shutterstock.com; S. 102–103 – großer Kreis © Ethan Daniels/Shutterstock.com; kleiner Kreis © HD1 Photography/Shutterstock.com; Grafiken © E.Druzhinina/Shutterstock.com; S. 104 © Sloth Astronaut/Shutterstock.com; S. 105 – oben und Mitte links © GaudiLab/Shutterstock.com; oben rechts © Watts/Shutterstock.com; Mitte rechts © igorrita/Shutterstock.com; unten links © Rabbit_Photo/Shutterstock.com; unten rechts © Evlakhov Valeriy/Shutterstock.com; S. 106 © Jandrie Lombard/Shutterstock.com; S. 107 – linkes Foto © Rimma Bondarenko/Shutterstock.com; rechtes Foto © Drozdowski/Shutterstock.com; S. 108–109 © Dmitry Molchanov/Shutterstock.com; S. 110–11 – Kasten oben rechts © Anna Om/Shutterstock.com; Kasten unten links © EpicStockMedia/Shutterstock.com; Grafik © Sloth Astronaut/Shutterstock.com; S. 112–113 © eldar nurkovic/Shutterstock.com; S. 114–115 © FabrikaSimf/Shutterstock.com; S. 116–117 – linker Kasten © Danny Iacob/Shutterstock.com; rechter Kasten © Alesia Puzhauskaite/Shutterstock.com; S. 118 © Cozine/Shutterstock.com; S. 119 – oben links © Maria Savenko/Shutterstock.com; oben rechts © Popartic/Shutterstock.com; Mitte links © IgorAleks/Shutterstock.com; Mitte rechts © Jacob Lund/Shutterstock.com; unten links © Alexey Fedorenko/Shutterstock.com; unten rechts © ABO PHOTOGRAPHY/Shutterstock.com; S. 120–121 – großer Kreis © Ventura/Shutterstock.com; kleiner Kreis © Preto Perola/Shutterstock.com; Venusmuschel, Fechterschnecke, Nadelschnecke, Miesmuschel © Elfhame/Shutterstock.com; Mondmuschel © TheCreativeMill/Shutterstock.com; Herzmuschel und Napfschnecke © Marianne Thompson; S. 122–123 – großes Foto © Franck Palaticky/Shutterstock.com; kleinen Foto © BlueOrange Studio/Shutterstock.com; S. 124–125 © evenfh/Shutterstock.com; S. 126 – Foto © Pavel Ilyukhin/Shutterstock.com; Muschel-Illustrationen © The Fisherman/Shutterstock.com; S. 127 © Foodio/Shutterstock.com; S. 128–129 – oberes Foto © Valentina_G/Shutterstock.com; unteres Foto © Karissaa/Shutterstock.com; S. 130–131 – oben links © itor/Shutterstock.com; oben Mitte © Preto Perola/Shutterstock.com; oben rechts © iko/Shutterstock.com; Mitte links © Mykola Mazuryk/Shutterstock.com; mittleres Foto © Maria Savenko/Shutterstock.com; Mitte rechts © GaudiLab/Shutterstock.com; unten links und Mitte © Daxiao Productions/Shutterstock.com; unten rechts © Garikapati rajesh/Shutterstock.com; Grafik © mart/Shutterstock.com; S. 132 © sivVector/Shutterstock.com; S. 133 © Andrei Bortnikau/Shutterstock.com; S. 134–135 – großer Kreis © Arnain/Shutterstock.com; kleiner Kreis © BcsChanyout/Shutterstock.com; S. 136–137 – oben links © Sloth Astronaut/Shutterstock.com; oben Mitte © Melinda Nagy/Shutterstock.com; oben rechts © Popartic/Shutterstock.com; Mitte links © 271 EAK MOTO/Shutterstock.com; mittleres Foto © Alohaflaminggo/Shutterstock.com; Mitte rechts © Kitja Kitja/Shutterstock.com; unten links © AstroStar/Shutterstock.com; unten Mitte © Mila Drumeva/Shutterstock.com; unten rechts © PPstock/Shutterstock.com; S. 138–139 – großes Foto © photoschmidt/Shutterstock.com; kleines Foto © Smiltena/Shutterstock.com; S. 140–141 – großer Kreis © Daxiao Productions/Shutterstock.com; kleiner Kreis © goffkein.pro/Shutterstock.com; S. 142–143 © Ammit Jac/Shutterstock.com; S. 144 © Saint A/Shutterstock.com; S. 145 – oben links © everydoghasastory/Shutterstock.com; oben rechts © Valdis Skudre/Shutterstock.com; Mitte links © JACEK SKROK/Shutterstock.com; Mitte rechts © GaudiLab/Shutterstock.com; unten links © FernandoMadeira/Shutterstock.com; unten rechts © KasperczakBohdan/Shutterstock.com; S. 146–147 – linker Kasten© nadtochiy/Shutterstock.com; rechter Kasten © Strahil Dimitrov/Shutterstock.com; S. 148–149 © Kirill Mikhirev/Shutterstock.com; S. 150–151 © GROGL/Shutterstock.com; S. 152–153 © Natalya Erofeeva/Shutterstock.com; S. 154–155 – großer Kreis © Monkey Business Images/Shutterstock.com; kleiner Kreis © Ondrej83/Shutterstock.com; S. 156–157 © Iaroshenko Maryna/Shutterstock.com; S. 158–159 – großes Foto © Ruud Morijn Photographer/Shutterstock.com; kleines Foto © Tatevosian Yana/Shutterstock.com; S. 160–161 – oben links © Beyla Balla/Shutterstock.com; oben Mitte © Robsonphoto/Shutterstock.com; oben rechts © diy13/Shutterstock.com; Mitte links © frankie's/Shutterstock.com; mittleres Foto © Dudarev Mikhail/Shutterstock.com; Mitte rechts © zeljkodan/Shutterstock.com; unten links © Danny Iacob/Shutterstock.com; unten Mitte © Yevhenii Chulovskyi/Shutterstock.com; unten rechts © Milosz_G/Shutterstock.com; Grafik © Sloth Astronaut/Shutterstock.com; S. 162 © Sloth Astronaut/Shutterstock.com; S. 163 © Kevin Eaves/Shutterstock.com; S. 164–165 – großer Kreis © everst/Shutterstock.com; kleiner Kreis © LEALNARD RIENGKAEW/Shutterstock.com; Grafik © Undergroundarts.co.uk/Shutterstock.com; S. 166–167 © Roxana Bashyrova/Shutterstock.com; S. 168–169 – Holzhintergrund © Backgroundy/Shutterstock.com; oben links Grafik © Sloth Astronaut/Shutterstock.com; Sonne und Mond © OlgaSiv/Shutterstock.com; Polarstern-Illustration © Vector FX/Shutterstock.com; Landschafts-Illustration © vectortatu/Shutterstock.com; Mond-Illustration © Farhads/Shutterstock.com; Felsen © pupahava/Shutterstock.com; Moos © nadinart-Nadezda Kokorina/Shutterstock.com; S. 170 © Bogdan Sonjachnyj/Shutterstock.com; S. 171 – oben links © ver0nicka/Shutterstock.com; oben rechts © ch_ch/Shutterstock.com; Mitte links © Nicky Rhodes/Shutterstock.com; Mitte rechts © Mark Christopher Cooper/Shutterstock.com; unten links © Mihai Stanciu/Shutterstock.com; Mitte rechts © PixieMe/Shutterstock.com; S. 172–173 - Konstellationen-Diagramm © tatishdesign/Shutterstock.com; Nachthimmel © Sorrawit Saosiri/Shutterstock.com; S. 174–175 © Sander van der Werf/Shutterstock.com; S. 176–177 © mariait/Shutterstock.com; S. 178 – Grafik © Sloth Astronaut/Shutterstock.com; Foto © Duncan Andison/Shutterstock.com; S. 179 – oben links © Bachkova Natalia/Shutterstock.com; oben rechts © DavidTB/Shutterstock.com; Mitte links © LeonidKos/Shutterstock.com; Mitte rechts © oneinchpunch/Shutterstock.com; unten links © Duncan Andison/Shutterstock.com; unten rechts © wavebreakmedia/Shutterstock.com; S. 180–181 – oberer Kasten © Piotr Krzeslak/Shutterstock.com; unterer Kasten © Bachkova Natalia/Shutterstock.com; Grafik © Sloth Astronaut/Shutterstock.com; S. 182–183 – großes Foto © Yellowj/Shutterstock.com; kleines Foto © Ulyana Khorunzha/Shutterstock.com; S. 184–185 – großes Foto © Olga Zarytska/Shutterstock.com; kleines Foto © Iryna Melnyk/Shutterstock.com; S. 186–187 – oben links © mythja/Shutterstock.com; oben Mitte © Creative Travel Projects/Shutterstock.com; oben rechts © Bogdan Sonjachnyj; Mitte links © Sergey Tinyakov/Shutterstock.com; mittleres Foto © siriwat wongchana/Shutterstock.com; Mitte rechts und unten links © everst/Shutterstock.com; unten Mitte © Nina Lishchuk/Shutterstock.com; unten rechts © Alohaflaminggo/Shutterstock.com; Hirsch-Illustration © igorrita/Shutterstock.com; S. 188–189 – Foto © everst/Shutterstock.com; Kompass-Grafik © a_bachelorette/Shutterstock.com; S. 192 – Holzhintergrund © Backgroundy/Shutterstock.com; Berg-Grafik © Sloth Astronaut/Shutterstock.com